江西省文化名家暨"四个一批"人才工程项目：
"轻应用"背景下公共图书馆微服务设计研究（1170009226003）

"轻应用"背景下智慧图书馆微服务体系构建研究

周玲元　◎著

中国财经出版传媒集团
经济科学出版社
Economic Science Press

图书在版编目（CIP）数据

"轻应用"背景下智慧图书馆微服务体系构建研究/
周玲元著．--北京：经济科学出版社，2023.5
ISBN 978 - 7 - 5218 - 4807 - 6

Ⅰ.①轻…　Ⅱ.①周…　Ⅲ.①数字图书馆－图书馆服
务－研究　Ⅳ.①G250.76

中国国家版本馆 CIP 数据核字（2023）第 098259 号

责任编辑：李　雪
责任校对：靳玉环
责任印制：邱　天

"轻应用"背景下智慧图书馆微服务体系构建研究
周玲元　著
经济科学出版社出版、发行　新华书店经销
社址：北京市海淀区阜成路甲 28 号　邮编：100142
总编部电话：010 - 88191217　发行部电话：010 - 88191522
网址：www. esp. com. cn
电子邮箱：esp@ esp. com. cn
天猫网店：经济科学出版社旗舰店
网址：http://jjkxcbs. tmall. com
固安华明印业有限公司印装
710 × 1000　16 开　16 印张　200000 字
2023 年 5 月第 1 版　2023 年 5 月第 1 次印刷
ISBN 978 - 7 - 5218 - 4807 - 6　定价：76.00 元
（图书出现印装问题，本社负责调换。电话：010 - 88191545）
（版权所有　侵权必究　打击盗版　举报热线：010 - 88191661
QQ：2242791300　营销中心电话：010 - 88191537
电子邮箱：dbts@ esp. com. cn）

前　言

　　随着我国智慧图书馆建设步伐的推进，抓住科技革命新机遇，立足自身资源提供微服务，满足用户的知识和信息需求，成为图书馆提高自身资源利用效率、实现服务升级、展现自身价值的重要途径。在众多前沿科技中，基于"轻应用"的小程序以其无须下载、即搜即用的特点，赢得了智慧图书馆微服务建设的青睐。随着小程序的广泛应用，微服务在智慧图书馆中迅速发展。但智慧图书馆微服务仍存在诸多问题，如服务内容缺乏创新、小程序应用单一以及缺乏完善的服务体系等。因此，深入探索和研究智慧图书馆微服务是必要且迫切的。

　　本书着重探讨"轻应用"背景下智慧图书馆微服务体系的构建，以循证图书馆理论和扎根理论为基础，结合智慧图书馆工作实际进行研究，为智慧图书馆微服务的发展提供理论指导和实践借鉴。本书的主要研究内容如下。

　　第一部分对"轻应用"背景下智慧图书馆微服务现状进行了分析。首先通过网络调查法分析各智慧图书馆在小程序服务平台、服务内容等方面的微服务开展情况，然后通过问卷调查对智慧图书馆微服务质量进行用户满意度分析，最后根据调研结果总结微服务在开展过程中存在的不足。

第二部分从理论和实践相结合的角度，对"轻应用"背景下智慧图书馆微服务体系要素进行了研究。首先从循证图书馆理论出发设计研究过程，采用文献研究法，从理论层面对智慧图书馆微服务体系层次结构要素进行分析；进而采用扎根理论质性研究方法，从实践层面对智慧图书馆微服务体系组成要素进行分析。

第三部分基于智慧图书馆微服务体系要素的分析，以用户需求为导向，从微服务中心组织架构、资源整合与制度完善、小程序服务平台框架三个方面详细分析了微服务体系实践层的实施路径，进而构建了包括目标层、技术层、资源层、服务层和需求层五个层面的"轻应用"背景下智慧图书馆微服务体系模型。

第四部分是智慧图书馆微服务体系资源建设研究。这是智慧图书馆微服务体系建设的第一部分，介绍了智慧图书馆微服务体系建设包含的内容，以及智慧图书馆微服务体系资源建设的主要构成和策略。

第五部分是智慧图书馆微服务体系服务建设研究。这是智慧图书馆微服务体系建设的第二部分，介绍了智慧图书馆微服务体系服务建设的内涵、主要构成和策略。服务层是智慧图书馆微服务体系建设的关键，面对当下信息迅猛之势，智慧图书馆微服务的服务内容和建设也需要跟上时代步伐。

第六部分是智慧图书馆微服务体系技术建设的研究。这是智慧图书馆微服务体系建设的第三部分，技术连接了图书馆资源、服务与用户，在微服务体系的建设中起到承上启下的作用。这一部分主要介绍了技术建设的内涵及其在当下智慧图书馆微服务中发挥的重要作用、技术建设的主要构成要素，以及在未来智慧图书馆微服务体系建设中对技术建设提出相关的建议及策略。

第七部分是智慧图书馆微服务体系用户感知建设研究。这是智慧图书馆微服务体系建设的第四部分，介绍了智慧图书馆微服务体系用户感知建设的内涵、主要构成及影响因素、实证研究（以高校图书馆为例）及策略。这一部分采用了实证研究，以高校图书馆为例，通过问卷的形式调查了图书馆微服务平台服务质量，收集数据，并利用 SPSS 分析了这些数据之间存在的关系，进而得出智慧图书馆微服务平台服务质量存在的差异，了解目前智慧图书馆微服务体系建设状况。

第八部分基于上述研究成果，以智慧图书馆微服务体系要素分析、服务体系构建等研究成果为基础，结合智慧图书馆微服务实践情况，从促进智慧图书馆微服务体系物质资源建设、人力资源建设、组织资源建设以及服务建设四个方面，对整个"轻应用"背景下智慧图书馆微服务体系建设提出有一定参考价值的发展策略。

本书将循证图书馆理论、扎根理论质性研究方法应用到智慧图书馆微服务研究，深化了理论应用领域，为智慧图书馆微服务的理论研究提供了新的视角，丰富了智慧图书馆微服务理论体系。在实践层面，注重了理论和实际相结合进行研究，研究结果更具有实用性和针对性，增强了研究的实践价值和实际意义，为"轻应用"背景下智慧图书馆开展微服务工作、提升微服务水平提供了参考借鉴。

目　录

第 1 章
绪　论

1.1　研究背景与研究意义

1.1.1　研究背景

2021 年 3 月 11 日，十三届全国人大四次会议表决通过了关于《中华人民共和国国民经济和社会发展第十四个五年规划和2035 年远景目标纲要》，其中明确提出了"数字中国"和"文化强国"的建设战略目标，并对此有明确的战略部署："推进公共图书馆、文化馆、美术馆、博物馆等公共文化场馆免费开放和数字化发展""推进线上线下公共服务共同发展、深度融合，积极发展在线课堂、互联网医院、智慧图书馆等""适应数字技术全面融入社会交往和日常生活新趋势，促进公共服务和社会运行方式创新，提供智慧便捷的公共服务"[1]。目标已经明确，关键在于落实。全国公共图书馆应积极响应政策号召，加快推进智慧图书馆建设，借助数字技术给大众提供更加智慧便捷的公共文化服务，以顺应时代发展潮流。

目前，我国智慧图书馆建设稳步推进，越来越多的图书馆正朝着"智慧化"方向发展，积极应用智能技术，规划智慧空间，建设智慧场馆，创新智慧服务，推进智慧管理。随着互联网时代的发展，信息技术不断升级，承载信息的媒介不断丰富，人们接受阅读信息的方式逐渐由线下转变为移动端。中国互联网络信息中心发布的第 50 次《中国互联网络发展状况统计报告》显示，截至 2022 年 6 月，手机网民规模为 10.47 亿人，较 2021 年 12 月新增手机网民 1785 万人，网民中使用手机上网的比例为 99.6%[2]。与此同时，网民使用台式电脑、笔记本电脑等设备上网的比例却有所下降。随着 PC 互联网向移动互联网过渡以及用户规模的快速发展，移动信息服务开始兴起。在这种背景下，智慧图书馆建设应充分抓住这一机遇，积极开展移动信息服务。如今已有不少智慧图书馆开发 App 应用软件，提供多元化服务来满足用户的不同需求。但由于这些软件存在占用内存较大、开发成本过高等缺点，并没有得到广泛应用，亟须开发更多智能化、轻量化的产品和服务。

自基于"轻应用"的小程序推出之后，又给智慧图书馆的移动信息服务提供了新的发展空间，注入了新的活力。小程序有着无须下载、即搜即用的特点，给那些不习惯使用 App 的用户带来了方便[3]。因此，小程序在较短时间内就受到了众多用户的欢迎。面对新的机遇，智慧图书馆应充分利用小程序服务平台给用户提供更满意的微服务，所谓的微服务是指轻量化的移动信息服务。目前，为响应国家战略部署，给公民提供智慧便捷的公共服务，越来越多的智慧图书馆应用小程序服务平台为用户提供智慧化、便捷化的微服务，这使得基于"轻应用"的小程序得到了迅速发展。在"轻应用"发展背景下，利用小程序方便轻巧的特点，在保证为用户提供基础服务的前提下，发展和完善智慧图书馆微服务体系，进而提高用户满意度已成为当下智慧图书馆服务体系建设的重点任务。

1.1.2 研究意义

在当前互联网和"轻应用"技术快速发展的背景下，研究智慧图书馆微服务体系构建问题，对我国现有智慧图书馆服务体系的建设和完善有着一定的理论意义和现实意义。

（1）理论意义

自从智慧图书馆概念引入国内并受到高度重视后，智慧图书馆的建设问题成为我国公共文化服务体系建设实践与发展的新方向。虽然目前我国学者对于智慧图书馆建设的各个方面进行了大量的研究，但现有研究很少涉及智慧图书馆微服务体系构建研究，且很少将"轻应用"技术融入智慧图书馆服务体系建设中。因此，本书根据智慧图书馆微服务特点以及实践情况，采用循证图书馆理论进行研究，为智慧图书馆微服务研究引入了新的理论基础。在此基础上，本书分析了 "轻应用" 背景下智慧图书馆微服务发展现状，运用循证图书馆理论和扎根理论，对智慧图书馆微服务体系的构成要素进行了分析，构建了体系框架模型，并对各项研究成果进行讨论分析，研究成果丰富和完善了智慧图书馆微服务理论体系。

（2）现实意义

目前，智慧图书馆微服务发展和实践越来越受到公众的关注，其中，服务体系建设影响到智慧图书馆微服务的发展，本书以循证图书馆为研究基础，运用文献研究法和扎根理论研究方法，对智慧图书馆微服务体系构建要素进行了分析，并融入 "轻应用" 技术构建了 "轻应用" 背景下智慧图书馆微服务体系，为智慧图书馆完善微服务体系建设、全面深化微服务提供参考借鉴。本书在已构建的 "轻应用" 背景下智慧图书馆微服务体系的基础上，从促进智慧图书馆微服务体系建设方面提出了发展对策，为智慧图书馆微服务实践活动的开展提供了策略指导。

1.2　国内外研究现状

本书主要研究 "轻应用" 背景下智慧图书馆微服务体系构建问题，因此，与本书相关的研究主要涉及以下两个方面：智慧图书馆微服务相关研究和图书馆小程序相关研究。

1.2.1 智慧图书馆微服务研究现状

1.2.1.1 智慧图书馆微服务国内研究现状

2011 年,"微服务"概念被首次提出。随后,众多图书情报学者对智慧图书馆微服务的相关内容展开研究。通过对国内大量文献的阅读、分析、归纳和总结,作者发现智慧图书馆微服务的相关研究主要集中于智慧图书馆微服务实践探索研究、智慧图书馆微服务平台建设研究、智慧图书馆微服务发展策略研究、智慧图书馆微服务模式创新研究以及智慧图书馆微服务体系构建研究五个方面。因此,本书从这五个方面对智慧图书馆微服务研究现状进行分析。

(1)智慧图书馆微服务实践探索研究

在传统图书馆向智慧图书馆转型发展之际,如何开展"微服务"以满足图书馆发展需求和提供读者服务成为智慧图书馆的建设难点。段梅等(2018)分析了大数据环境下图书馆阅读推广微服务模式势在必行,因此利用大数据分析不同用户的需求,研发集读者的阅读、评价需求为一体的多功能阅读应用,有效提升阅读资源的传播性、便利性,实现"私人订制"式的阅读推广微服务[4]。王昊贤等(2020)以微服务与 FOLIO 架构作为切入点,探索了北京大学图书馆闭馆图书叫号系统的设计思路、系统架构以及技术使用,该系统兼顾现役图书馆系统和新一代服务平台的新理念、新技术,更好地满足新时代的用户需求[5]。为适应新时

5

代发展，叶仁杰等（2020）以深圳大学图书馆为研究对象，对新一代的图书馆开放服务平台展开了应用实践研究，主要分析了服务平台的核心微服务架构以及运行流程，为新一代图书馆系统设计提供有益参考[6]。张炜等（2022）为满足用户新时代下的多元化视听知识需求，研发了影音视听资源知识服务平台，向用户提供"多形式、知识化、个性化"的视听微服务，改善用户体验、提升服务效率[7]。

（2）智慧图书馆微服务模式创新研究

"互联网＋"时代以及新媒体的迅猛发展，改变了用户信息获取习惯与信息获取方式，为此，吕瑾瑜（2018）创新了基于微信平台的公共图书馆阅读推广微服务模式[8]，张蓉晖等（2018）构建了移动互联网交互环境下高校图书馆知识交互微服务模式[9]。在移动互联网环境下，情境感知技术已成为智慧图书馆构建微服务生态的核心技术，同时，情境感知是智慧图书馆的重要特征和发展趋势。聂应高（2018）阐述了情境感知与图书馆微服务融合的显著特征，然后在分析基于移动情境感知技术的图书馆微服务融合流程的基础上，构建了基于情境感知的图书馆微服务模式框架[10]。另外，杨佳雨等（2019）也构建了由感知层、分析层、交互层组成的智慧图书馆情境感知微服务模式框架，并提出了发展建议[11]。为促使校园服务从业务驱动转向以人为中心的情境驱动，廖宏建等（2021）构建了包括情境获取、情境解释和情境服务的智慧校园图书馆移动情境感知模式框架。在智慧社会发展背景下，不断优化微服务模式，能够有效保障智慧图书馆微服务质量，为用户提供更加个性化的微服务[12]。田光林等（2021）以 5G 技术、数据仓库技术以及多维技术为依托，设计了智慧社会背景下的图书馆微服务模式框架，并对微服务模式框架的检索服务模块、推荐服务模块、App 服务模块以及微信公众服务平台四大模块进行分析，提出了智慧图书馆微服务模式策略[13]。高翙（2021）以现代生态学理论为指导，在梳理和总结图书馆微服务特征、属性和发展模式的基础上，从不同主体出发，探讨分析了一种多主体协调互动的新型智慧图书馆微服务模式[14]。

（3）智慧图书馆微服务体系构建研究

随着"微时代"的到来，图书馆微服务理念应运而生。任瑞荣等（2018）在分析"微时代"背景下高校图书馆微服务发展现状的基础上，构建了"微时代"背景下的高校图书馆微服务体系，并探讨了微服务发展策略[15]。为促进图书馆电子资源管理系统的建设发展，张文竹等（2019）构建了图书馆的纸电一体化电子资源微服务体系[16]。随着移动环境的发展变化，智慧图书馆微服务发展也随之呈现新的趋势，智慧图书馆微服务体系建设也呈现出新的特点，周玲元等（2020）围绕资源建设、服务建设以及技术建设三个方面，构建了智慧图书馆微服务体系，并针对这三个方面提出了具体建设策略[17]。区块链技术的发展为智慧图书馆微服务功能体系提供了新的技术支持，能够助力图书馆微服务满足用户需求。杨群等（2020）在区块链发展视域下，构建了图书馆智慧微服务功能体系，实现从信息资源服务向价值服务的智慧微服务转变[18]。随着智慧图书馆建设步伐的加快，用户对于信息服务的要求越来越高，这就要求智慧图书馆加强新技术的应用，进行微服务建设自我评价，以期提升微服务质量。曾真等（2020）以用户需求为导向，规划了面向用户画像的图书馆微知识服务流程的实现过程，并构建了面向用户画像的大学图书馆微知识服务体系[19]。倪娟等[20]（2021）、张坤等[21]（2022）旨在为图书馆微服务的开展提供新的研究视角和评价标准，促进微服务优化与创新，对智慧图书馆微服务评价展开研究，构建了图书馆微服务评价指标体系。为促进图书馆顺利智慧化转型发展，李晓鸣等（2022）通过引入"云原生"架构，建设业务中心以及数据中心，构建了图书馆微服务技术体系[22]。

（4）智慧图书馆微服务平台建设研究

图书馆发展正在进入以智慧图书馆为主要特征的第三代图书馆时期，原有的图书馆服务平台无法满足图书馆所有的新需求。微服务作为一种新的信息系统架构模式，其特点适合构建新一代的图书馆服务平台。肖铮等（2018）采用微服务构建了新一代图书馆开放服务平台FOLIO[23]。蒋冬英（2019）对新一代图书馆服务平台FOLIO进行概述和价值分析，并对新一代图书馆服务平台的功能需求与服务创新进行了研究[24]。谢蓉等（2019）在分析现有服务平台发展现状的基础上，对以FOLIO为代表的"第三代图书馆服务平台"的新需求和新突破进行了探究[25]。王文清等（2020）详细介绍了CALIS推出的新一代图书馆服务平台FOLIO的定位、发展思路、建设目标、总体架构等，为图书馆服务平台进入新的发展阶段提供参考借鉴[26]。通过对新一代图书馆服务平台的研究，发现还存在一款新的图书馆服务平台

ALMA，王晓翠（2020）将这两种下一代图书馆服务平台进行对比分析，以期为国内图书馆选择下一代图书馆服务平台提供参考[27]。为持续推动智慧图书馆转型升级，众多学者针对智慧图书馆发展的不同需求，构建了各种各样的服务平台，如孙宇等（2020）基于微服务架构，设计构建了新一代图书馆资源发现系统平台[28]；任萍萍（2020）通过优化图书馆数据管理顶层设计，重构智慧资源库与知识服务体系，创建了智慧图书馆的智慧云服务平台，实现嵌入科研、教学、决策支持服务全程的智慧服务精准推送[29]；常志军等（2021）为解决海量篇级文献的存储与在线访问、大规模数据治理和服务性能低的问题，构建了基于分布式技术的科学文献大数据服务平台[30]；程秀峰等（2021）针对国内文献信息资源保障平台在政策、业务、经济和技术上的不足，构建了基于微服务架构的新一代文献信息资源保障平台[31]；董晓莉（2022）在图书馆现有数字资源保存系统受技术变革冲击和影响下，提出了数据化视角下图书馆数字资源长期保存系统平台模型[32]。现有服务平台各式各样，为给智慧图书馆建设新一代图书馆服务平台提供参考，如余和剑等（2021）选取了国内智慧图书馆建设实践中最具代表性的两种国产智慧图书馆服务平台，即 DALIB 智慧图书馆数据服务平台和超微智慧图书馆服务平台进行比较，总结它们的异同[33]。蒋继平等（2022）从使用现状、系统架构、主要功能三个方面，对阿尔玛等（Alma，CLSP，Meta & Libstar）四款图书馆服务平台产品进行比较分析[34]。

（5）智慧图书馆微服务发展策略研究

在全媒体时代，图书馆面临着挑战和机遇，读者服务工作也在发生变化。周玮璐等（2018）建议高校图书馆从微服务、信息共享空间等方面为读者提供全面、优质的全媒体服务[35]。为了减小经费、技术、管理等因素对学科微服务的影响和制约，刘美桃（2018）提出采用微创新策略对学科微服务进行设计，以期不断提高和改善用户体验[36]。在 2020 年新冠肺炎疫情疯狂肆虐的形势下，高校图书馆迅速进入了危机管理，需要采取措施应对。井水等（2020）梳理了陕西省高校图书馆应对疫情的危机管理策略，总结了陕西省高校特色服务和有益措施[37]。微信平台有着推广强、互动性强等特点，受到高校图书馆的广泛应用。毕丽萍等（2020）通过选取 28 所"双一流"高校图书馆的微信公众平台作为研究样本，分析微服务发展存在问题，并提出了优化策略[38]。同时，宋玉梅等（2021）也针对微信视域下的高校图书馆知识产权信息服务发展现状进行了调查研究，提出了加强顶层设计、优化服务模式等发展策略[39]。除了微信平台的利用外，刘溪（2021）提出构建公共图书馆新媒体矩阵，充分利用微信、微博、抖音等新媒体平台，发挥集群优势，满足用户差异化的信息需求[40]。黄红梅等（2022）通过对高校图书馆学科分析微服务能力提升路径的因果分析，探讨了高校图书馆学科分析微服务能力提升策略[41]。

1.2.1.2 智慧图书馆微服务国外研究现状

通过对国外智慧图书馆微服务相关文献的系统梳理，可以发

现国外对于智慧图书馆微服务的研究成果主要集中于智慧图书馆
微服务实践探索研究、智慧图书馆微服务技术应用研究、智慧图
书馆微服务模式创新研究等方面。

（1）智慧图书馆微服务实践探索研究

随着数据量的指数级增加，传统图书馆最复杂的系统都已经
无法满足业务要求和用户需求。亚历山大等（Aleksandar et al.，
2018）介绍了一个智能图书馆大数据推荐系统，该系统能够通过
整合多个差异数据源来创造新的价值[42]。互联网以及物联网的
迅速发展，促使着图书馆在服务技术这块也在不断创新和发展。
叶刚（Ye Gang，2019）为了使图书馆管理更加方便，提出了一
种基于无源 RFID 标签的阅读活动识别方法，通过收集和分析相
位分布特征，可以跟踪读者的轨迹，识别哪本书被捡起，并检测
书的错位。最后他们还对今后图书馆个性化图书推荐系统的必要
性进行了探讨[43]。艾萨克等（Isaac et al.，2020）认为社交媒体
和视频会议在智慧图书馆中的应用，对于智慧图书馆有效地提供
微服务非常重要，可以帮助用户直接访问图书馆获取微服务内
容，提高了图书馆服务效率[44]。颠覆性技术引发信息爆炸，对
传统图书馆产生巨大影响，为推进智慧图书馆微服务建设，必须
使用大数据和智能技术重塑服务。阿德塔约等（Adetayo et al.，
2021）探讨了大数据在智慧图书馆微服务实践中的应用，能够
有效地帮助图书馆重塑微服务内容，提高图书馆微服务质
量[45]。随着图书馆用户数量的增加，图书馆自动化系统变得越
来越重要，普拉蒂巴等（Pratibha et al.，2021）研究了人脸识
别系统在智慧图书馆自动化中的实践应用，能够使用户对于图

书的归还和借阅更具简便性，显著提高了图书馆微服务效率和工作质量[46]。

（2）智慧图书馆微服务技术应用研究

新技术的应用，能够提高智慧图书馆微服务的质量和效率。周新（Zhou Xin，2021）将数据挖掘技术应用于智慧图书馆建设，可以快速提取图书文献信息，为智慧图书馆的文献资源管理提供了技术支撑[47]。王慧（Wang Hui，2021）通过采用物联网态势感知信息融合技术解决图书馆环境数据融合与其他环境数据融合的差异问题[48]。曾子明等（Zeng Ziming et al.，2022）为了帮助用户获取更加丰富的知识和微服务，应用移动视觉搜索技术于智慧图书馆中的敦煌文化遗产保护，构建了移动视觉搜索微服务系统[49]。在疫情期间，如何建立高效的服务体系成为智慧图书馆建设中的重要问题，孙成喜（Sun Chengxi，2022）指出了区块链技术在智慧图书馆微服务建设中的应用场景，并提出了发展建议[50]。王娟（Wang Juan，2022）发现智慧图书馆个性化信息服务指标主客观权重的重要系数难以获得，存在系统性差的问题，于是设计了一个基于多媒体网络技术的智能图书馆个性化信息服务系统[51]。

（3）智慧图书馆微服务模式创新研究

移动互联网技术的不断发展，推动着智慧图书馆服务方式的创新。索玛等（Soma et al.，2019）提出了一种云图书馆服务模式，能够给用户带来新的体验[52]。覃瑞（Qin Rui，2020）根据读者的阅读偏好习惯，分析了智慧书馆的智能化搜索服务功能，运用 CRFID 技术和 RNN 深度学习网络对读者在阅读过程的阅读行为进行识别，判断对图书馆的偏好程度，以此为图书馆购书和读者个性化服务提供依据[53]。张劲柏（Zhang Jinbai，2021）认为用户对图书馆智慧化服务的需求加速了图书馆服务模式的创新和变革，智慧图书馆微服务应加强智能化、个性化服务模式的建设[54]。随着大数据的发展，海量数据资源应运而生，智慧图书馆应提供更个性化的服务，更好地满足用户需求，舒宗英等（Shu Zongying et al.，2021）提出了智慧图书馆移动推送服务模式[55]。同时，雷水旺（Lei Shuiwang，2021）通过整合场协同理论和智慧图书馆服务点之间的凝聚力理论来证明智慧图书馆应用场协同理论的可行性，并设计了基于场协同理论的智慧图书馆服务模式[56]。

1.2.2　图书馆"轻应用"小程序研究现状

1.2.2.1　图书馆"轻应用"小程序国内研究现状

2013 年 8 月 22 日，百度在 2013 年百度世界大会上提出"轻应用"这一概念。随之受到大众广泛关注，如今已形成了基于"轻应用"的小程序群。正是由于小程序具有无须下载、即搜即用的特点，图书馆也逐渐重视小程序的应用。但对于小程序在智慧图书馆建设方面的研究还比较少，现主要集中于图书馆小程序实践探索研究、图书馆小程序应用现状研究、图书馆小程序智慧服务研究三方面。

（1）图书馆小程序实践探索研究

基于"轻应用"的微信小程序于 2017 年问世，随后就有学者对小程序在图书馆方面的应用实践展开了研究。朱玉强（2017）使用微信官方 web 开发者工具编制小程序，并探讨了微信小程序在图书馆移动服务中的应用场景，结果表明微信小程序能够很好地丰富图书馆营销手段，推进读者服务工作[57]。通过对微信小程序核心能力的分析，陈俊杰等（2018）发现微信小程序在助推图书馆从自动化向移动化发展有着无限的潜力，于是以厦门大学为例，探讨了微信小程序在图书馆内部管理效率方面的实践优势[58]。于俊丽（2018）通过分析微信小程序在高校图书馆的应用实践现状，提出高校图书馆应积极开发自主小程序，并利用小程序助推图书馆移动服务发展[59]。同时，朱玉强（2018）以图书漂流小程序为例，探究了微信小程序在图书馆移动服务中的应用实践[60]。小程序在 O2O（Online To Offline，线上到线下）服务方面具有很好的应用优势，尹明章等（2019）阐述了微信小程序开发高校图书馆 O2O 图书共享平台的可行性，并通过海南医学院的应用实践，展现了微信小程序的应用价值[61]。随后，吴紫山（2019）、陈和（2019）和徐源（2020）等分别对微信小程序在图书馆管理系统[62]、知识库服务[63]以及学科知识服务[64]中的应用实践展开了分析。李小洁（2021）以微信小程序为技术突破口，构建了图书馆开放式图书采访模式[65]。

（2）图书馆小程序应用现状研究

自 2017 年微信小程序上线一年后，已有不少图书馆开通微信小程序。芦晓红（2018）探讨了图书馆微信小程序的实践现状，调研发现开通微信小程序的图书馆共 120 家，同时也发现图书馆小程序也存在一定的问题，如开通小程序图书馆数量少、服务类型单一、功能质量不佳等问题[66]。严栋（2018）也分析了我国图书馆微信小程序的使用现状，发现小程序在图书馆中的应用比例极低，而且应用场景单一、缺乏服务推广，这些都说明我国图书馆还未重视小程序的应用，还需要加强小程序的应用实践[67]。自微信小程序问世三年后，黄悦深（2020）再次调查了我国图书馆微信小程序应用情况，发现经过三年的实践积累，我国图书馆微信小程序在应用规模、业务模式、功能特点上已有长足发展，对图书馆产生了多方面的积极影响[68]。

（3）图书馆小程序智慧服务研究

高效地实现图书馆座位资源的监控和管理是多年来各高校致力于解决的难题。宋云云（2018）以微信小程序为载体，依据移动群智感知理念，借助室内定位和上下文感知技术，研究开发出一套低成本又好用的座位资源监控技术[69]。张毅（2019）也研究了基于微信小程序的图书馆座位管理系统[70]。黄丽芳（2020）为给用户提供个性化服务，以微信公众号、微信小程序和 App 三种互联方式为应用通道，构建移动图书馆智慧服务平台，实时挖掘读者对电子资源的喜好程度，并根据读者喜好进行推送[71]。在疫情期间，小程序在图书馆应急服务方面得到了有效应用。张杰龙等（2020）分析了高校图书馆在应对疫情时的举措，发现高校图书馆应充分利用小程序等信息服务技术，不断提升远程服务保障能力，以推进图书馆无空间边界的知识服务模式[72]。张南（2020）也调查了疫情期间高校图书馆微信小程序应用情况，并

提出了疫情期间高校图书馆微信服务提升策略[73]。张书华等
(2022) 为满足疫情期间师生对于电子资源的服务需求，利用微
信小程序开展电子资源服务，为用户提供一站式的电子资源校外
访问方式[74]。

1.2.2.2　图书馆"轻应用"小程序国外研究现状

微信是我国网民使用的主流社交网络平台，而国外对于微信
的使用比较少，因此有关图书馆微信小程序的研究几乎没有。但
通过文献阅读，发现国外图书馆主要应用 web 2.0 技术来开展移
动服务，其中，web 2.0 技术理念与"轻应用"技术理念相同，
无须下载、即搜即用。对于图书馆 web 2.0 技术的研究主要集中
于图书馆 web 2.0 技术的实践探索研究和应用现状研究。

（1）图书馆 web 2.0 技术实践探索研究

web 2.0 在高校图书馆中得到了较广泛的应用，拉吉尼等
（Rajni et al.，2018）探究了 web 2.0 在高校图书馆网络信息服务
中的应用情况[75]。侯赛因等（Hussain et al.，2018）从伊斯兰堡
的角度分析 web 2.0 技术在伊斯兰堡学术图书馆中应用实践的合
理性，并得出了年轻图书馆工作人员对 web 2.0 应用更加感兴趣
的结果[76]。贾宾等（Jabeen et al.，2018）探索了 web 2.0 工具
在高校图书馆中的应用实践，认为 web 2.0 的应用会给图书馆带
来革命性的变化，并允许用户在网络世界中进行交互、协作[77]。
巴拉吉等（Ba Laji et al.，2019）研究了 web 2.0 在亚洲顶尖大学
学术图书馆中的应用情况，其中最广泛使用的 web 2.0 应用程序
是 Facebook （61.3%）、RSS （53.3%）、Twitter （46.7%） 和

YouTube（37.3%）[78]。威廉姆斯（Williams，2020）探讨了 web 2.0 技术的实现及其在学术图书馆中的应用，并讨论使用社交媒体作为与学生交流的工具的好处[79]。在疫情期间，web 2.0 在图书馆中发挥着重要作用。格里玛等（Garima et al.，2021）研究分析了 web 2.0 工具在疫情中满足用户信息需求的作用[80]。伊曼纽尔（Emmanuel，2021）分析了尼日利亚阿夸伊博姆州图书馆馆员对 web 2.0 技术的认识和应用情况，研究显示大多数图书馆认为 web 2.0 技术是有用的，可以提高他们的工作效率[81]。

（2）图书馆 web 2.0 技术应用现状研究

在年轻人当中，使用 web 2.0 非常流行。大多数高校图书馆应用 web 2.0 的目的之一是在年轻人群体中进行服务推广，安娜等（An Na et al.，2018）调查了 web 2.0 在印度尼西亚大学图书馆媒体推广中的应用现状，发现只有 40 所大学图书馆通过 web 2.0 进行服务推广，大部分图书馆暂时还没有使用 web 2.0 进行服务推广[82]。同时，安奴等（An Nu et al.，2018）也对 web 2.0 在印度大学图书馆网站中的使用情况进行了调查，并确定 web 2.0 是未来学术图书馆应用趋势[83]。次年，巴特尔等（Patel S et al.，2019）通过网站观察和问卷调查等方法，对 348 所印度国立大学图书馆 web 2.0 的应用情况展开了研究，通过研究发现只有 9.77% 的印度国立大学图书馆使用了 web 2.0 技术为用户提供服务[84]。另外，谢胡等（Xie Hu A et al.，2019）对尼日利亚北部私立大学图书馆 web 2.0 的应用情况展开了研究，通过研究发现尼日利亚图书馆对于 web 2.0 的应用率非常低，然后在此基础上建议培训图书馆专业人员、应用 web 2.0

为图书馆专业人员提供交互优势[85]。简等（Jan et al.，2020）
发现随着 web 2.0 技术的发展，图书馆、个人和企业对该技术
的利用率在逐年上升[86]。

1.2.3 研究总结与述评

通过对智慧图书馆微服务以及图书馆"轻应用"小程序的国
内外研究现状的梳理和分析，进行文献述评如下。

1.2.3.1 智慧图书馆微服务研究现状述评

从智慧图书馆微服务相关研究成果中发现，学者们越来越注
重对服务平台的研究、服务模式创新的研究，重视新型技术的应
用，但对智慧图书馆微服务体系建设缺乏系统性的分析。在研究
内容上，近年来针对智慧图书馆新一代服务平台的研究成果逐渐
增多。在智慧图书馆微服务模式创新研究方面，更加重视对用户
需求的分析，以加强个性化、智能化服务模式建设，更好地满足
用户多元化的服务需求。同时，越来越重视新型技术的应用，例
如，数据挖掘技术、联网态势感知信息融合技术、移动视觉搜索
技术、区块链技术、多媒体网络技术等多种新型技术。

1.2.3.2 图书馆"轻应用"小程序研究述评

从图书馆小程序相关研究成果来看，学者们对于小程序在图
书馆中的实践与应用关注度较高，近年来研究成果逐渐增多，但
有关图书馆小程序的理论研究却不够深入。国内外有关图书馆小

程序的研究内容主要集中于实践探索与应用现状分析等方面，对图书馆小程序的实践探索研究多局限于单一方面的应用实践分析。对图书馆小程序的应用现状研究多是简单地开通应用分析，缺乏对小程序应用现状的深入分析。

通过对智慧图书馆微服务以及图书馆"轻应用"小程序的相关研究分析可以发现：目前，智慧图书馆微服务以及小程序应用是图情学者们研究的热点问题，随着智慧图书馆建设步伐的加快，相关研究成果逐渐丰富，但学者们对于小程序在智慧图书馆微服务方面的实践探索研究较少，对智慧图书馆微服务体系的研究局限于评价体系构建或者技术体系构建，研究不够系统深入，还未形成系统性的智慧图书馆微服务理论体系。

1.3　研究内容与研究思路

1.3.1　研究内容

本书基于智慧图书馆与"轻应用"技术理念的融合发展，进行智慧图书馆微服务体系构建研究，以期实现"轻应用"与智慧图书馆微服务体系的高效链接，拟从以下内容展开论述。

第一部分：绪论。本章首先讲述"轻应用"背景下智慧图书馆微服务体系建设的研究背景与研究意义。通过文献梳理，分析了国内外相关研究现状并进行研究现状述评，进而提出了本书的主要研究内容、研究方法、研究思路以及创新点。

第二部分：相关概念与理论基础。本章梳理了全书的理论研究基础，首先介绍了"轻应用"和微信小程序的定义，界定了智慧图书馆微服务和智慧图书馆微服务体系的相关概念，而后介绍了本书应用到的相关理论，包括循证图书馆理论、扎根理论、协同理论。

第三部分："轻应用"背景下智慧图书馆微服务现状分析。本章通过选取31所省级智慧图书馆作为调研对象，分析智慧图书馆小程序应用情况，进而分析微信小程序的服务特点、优势以及服务内容，得出了我国智慧图书馆微服务发展还存在一定的不足的结论，为后续"轻应用"背景下智慧图书馆微服务体系建设提供了一定的事实依据。

第四部分："轻应用"背景下智慧图书馆微服务体系要素分析。本章从循证图书馆理论出发，运用文献研究法以及扎根理论质性研究方法，对"轻应用"背景下智慧图书馆微服务体系要素进行了分析。首先，对循证图书馆理论适用性以及研究过程设计进行了分析；其次，运用文献研究方法，从理论层面构建了"轻应用"背景下智慧图书馆微服务体系层次结构要素框架；再次，运用扎根理论质性研究方法，对"轻应用"背景下实践层面的智慧图书馆微服务体系组成要素进行了分析；最后，对研究结果进行讨论分析。

第五部分："轻应用"背景下智慧图书馆微服务体系构建。本章首先介绍了"轻应用"背景下智慧图书馆微服务体系构建的目的以及原则；其次对智慧图书馆微服务体系层次进行了分析，

构建了"轻应用"背景下智慧图书馆微服务体系总体模型；最后
结合智慧图书馆微服务实践，对服务体系运行机制进行了分析。

第六部分：智慧图书馆微服务体系资源建设研究。本章首先
介绍智慧图书馆微服务体系建设的原则，而后分析了智慧图书馆
微服务体系资源建设的主要构成，进而提出智慧图书馆微服务体
系资源建设的策略。智慧图书馆微服务体系的基础建设就是资源
建设，包括馆藏资源、人员配置等有形资源，也包括规章制度等
无形资源。

第七部分：智慧图书馆微服务体系服务建设研究。本章首先
介绍了智慧图书馆微服务体系服务建设的内涵及研究状况，而后
研究了智慧图书馆微服务体系服务建设的主要构成，最后提出了
智慧图书馆微服务体系服务建设的策略。服务层是智慧图书馆微
服务体系建设的关键，面对当下信息技术迅猛发展之势，智慧图
书馆微服务的服务内容和建设也需要跟上时代步伐。

第八部分：智慧图书馆微服务体系技术建设研究。本章首先
介绍智慧图书馆微服务体系技术建设的内涵，然后分析智慧图书
馆微服务体系技术建设的主要构成，在此基础上提出智慧图书馆
微服务体系技术建设的策略；技术建设在微服务体系中发挥着举
足轻重的作用，微服务中的资源推送、服务内容及设计的改进都
涉及技术的跟进，抓住微服务技术的核心是微服务体系建设的重
要任务之一。

第九部分：智慧图书馆微服务体系技术建设研究。本章首先
介绍了智慧图书馆微服务体系用户感知建设的内涵，而后分析了
智慧图书馆微服务体系用户感知建设的影响因素，在此基础上对

智慧图书馆微服务体系用户感知建设进行了实证研究（以高校图书馆为例），最后提出了智慧图书馆微服务体系用户感知建设的策略。以高校图书馆为例，以问卷的形式调查了图书馆微服务平台服务质量，收集数据，并利用 SPSS 分析了这些数据之间存在的关系，进而得出智慧图书馆微服务平台服务质量存在的差异，了解目前智慧图书馆微服务体系建设状况。

第十部分："轻应用"背景下智慧图书馆微服务体系运行策略。本章依据上述章节的研究成果，以"轻应用"背景下智慧图书馆微服务体系研究成果为基础，并结合智慧图书馆微服务实践情况，对"轻应用"背景下智慧图书馆微服务体系建设发展提出有价值性的促进策略。

第十一部分：总结与展望。本章总结了全书的主要观点和研究结论，分析了本研究存在的局限性和不足之处，结合本书所得结论合理展望智慧图书馆微服务体系建设未来的研究方向和研究内容。

1.3.2　研究思路

"轻应用"背景下智慧图书馆微服务体系建设是一个庞杂的系统工程，涉及的方面较广且复杂，本书拟按照绪论→相关概念和理论基础→"轻应用"背景下智慧图书馆微服务发展现状研究→"轻应用"背景下智慧图书馆微服务体系要素分析→"轻应用"背景下智慧图书馆微服务体系构建及运行机制→"轻应用"背景下智慧图书馆微服务体系建设发展策略→总结与展望的思路展开研究，具体研究思路如图 1-1 所示。

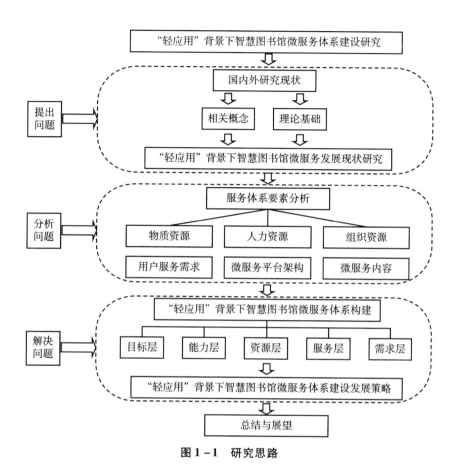

图 1-1 研究思路

1.4 研究方法与创新点

1.4.1 研究方法

（1）文献研究法

文献研究法是指在通过 CNKI、外文学术资源数据库等学术网站收集和整理领域相关研究文献的基础上，对文献进行研究之后形成新的认识的一种方法。本书主要应用文献研究法对"轻应用"与智慧图书馆微服务相关研究成果进行全面收集，系统梳理当前智慧图书馆微服务的研究热点及趋势，归纳学者们的主要观点和研究现状，总结当前研究所采用的理论和方法。通过对现有研究成果的把握，找到本研究的立足点和突破点，为提出研究问题、厘清研究思路、明晰研究框架、选取适宜的研究方法等奠定基础。

（2）深度访谈法

深度访谈法是研究人员根据要研究的内容事先设计好统一标准化、有一定结构的问卷提纲，然后通过聚焦问题、发散问题等多种问题形式相结合进行的访谈方式。本书主要应用深度访谈法，从智慧图书馆微服务体系构成要素分析方面，向选定的访谈对象即图书馆员提出有关智慧图书馆微服务体系建设的相关问题，然后进行访谈文本的收集。

（3）扎根理论质性研究法

扎根理论质性研究法是在深度访谈的基础上，对访谈的内容进行编码，通过开放式编码、主轴编码、选择性编码以及编码结果的检验等过程建立理论。本书主要应用扎根理论质性研究法对"轻应用"背景下智慧图书馆微服务体系的关键要素进行研究。

1.4.2 创新点

本书的创新点主要概括为以下两个方面。

（1）运用循证图书馆理论和扎根理论质性研究方法，分析了"轻应用"背景下智慧图书馆微服务体系要素

本书根据循证图书馆理论进行研究设计。首先运用文献研究法，从理论层面分析了"轻应用"背景下智慧图书馆微服务体系层次结构要素，共包含目标层、技术层、资源层、服务层以及需求层五个层次；然后运用扎根理论质性研究方法，对实践层面的智慧图书馆微服务体系组成要素进行了分析，共包含 6 个核心组成要素和 19 个基本要素；最后对这些组成要素之间的关系进行了分析，并构建关系模型。

（2）构建了"轻应用"背景下智慧图书馆微服务体系，并结合智慧图书馆微服务实践情况提出了有针对性的建设发展策略

首先，在明确"轻应用"背景下智慧图书馆微服务体系构建目的及原则的基础上，依据智慧图书馆微服务体系组成要素的分析结果，对智慧图书馆微服务体系的目标层、技术层、资源层、服务层以及需求层五个层次结构进行分析；其次，通过理论结合实践的研究，构建"轻应用"背景下智慧图书馆微服务体系；最后，结合智慧图书馆在"轻应用"环境下的实践情况，对智慧图书馆微服务体系建设提出有参考价值的发展策略。

第 2 章
相关概念与理论基础

2.1 "轻应用"

"轻应用"是一个包含许多技术（例如智能分发和移动搜索）的技术术语，但其基本概念简单易懂，即在手机上"减载"。百度于 2013 年推出"轻应用"，并指出其"无须下载便可在搜索栏中进行搜索"，即无须下载本地应用，但具备 App 的功能，并可实时查询，解决了应用、服务与用户之间的互联要求。如今，已经形成了包括微信小程序、QQ 小程序、支付宝小程序、百度小程序、快应用等在内的轻应用联盟或平台体系。这些轻应用程序虽然名称不同，但有一个共同的特点：即搜即用，占用内存少，响应速度快。轻应用不仅在 UI 界面上设计简单，操作方便，开发和维护费用低，格式统一，还可以在不同的操作系统和平台上运行。这些优势主要是通过高速网络连接，将数据存储在云中，以便随时访问，并将用户所需的服务高度聚合为一个服务群的连接平台。如果小程序连接到微信、百度、支付宝等商业化平台，那么快应用就会直接嵌入手机中，因此被称为"可以运行程序的程序"，成为大应用中的小应用。

2.2 微信小程序

2.2.1 微信小程序的概念

微信小程序于 2017 年由腾讯公司推出，是一款运行在微信系统中的应用，本身不需要下载和安装。由于其具有轻便和小巧的特征，同时还可以为用户提供多样化的服务，能够很好地将用户与服务实现高效的链接，因此广受用户的关注。微信创始人张小龙认为微信小程序是一种在微信程序中不需要安装即可使用的工具型轻应用，其主要功能在于满足用户在各种场景里的不同需求，用户使用完毕不需要卸载即可以退出。芦晓红（2018）认为微信小程序是 web 3.0 时代针对轻活应用场景细分需求而产生的，依托于微信这个超级 App，省去用户下载其他 App 麻烦的一种轻应用[66]。黄丽芳（2020）通过对高校图书馆智慧服务的研究，表示微信小程序是一种微信平台上的虚拟 App，无须下载安装，通过搜索或者扫一扫便可打开和使用，直接与原有系统无缝链接[71]。基于学者们的研究基础，本书认为微信小程序是嵌入于超级 App 微信中运行，然后借助云计算技术来达到使用户无须下载、即搜即用的"轻应用"。站在用户的角度来看，微信小程序本身轻便小巧，无须下载安装；站在开发者角度来看，微信小程序的开发和应用成本较低。

2.2.2 微信小程序应用优势

微信小程序是一种内嵌于微信为用户提供移动信息服务的"轻应用"，能够与微信后台数据库高效链接，实现用户的信息资源共享，较传统 App 有着以下的区别。

（1）开发语言和开发逻辑不同

传统的 App 不仅要考虑苹果和安卓两个不同系统的功能设计与实现，在人力和时间上会花费大量的成本，而且在开发完成后需要准备不同的审核材料，上交到多达十几个不同的软件商店进行审核，流程十分烦琐复杂。而微信小程序体积小，开发较为简单，成本也较低，只需要一两个开发人员在十几天内就可完成上线。鉴于微信小程序开发的便捷性，其在较短时间内受到了广大应用开发者的青睐。

（2）获取途径不同

传统的 App 必须从应用商店里下载安装到手机桌面上生成图标，装置完成后会一直保留在手机中，并占用大量内存。而微信小程序不需要安装在手机上，依附于微信自身的管理机制，通过多端口快速进入，使用后会自己"躺在"微信小程序栏里。相比于 App 而言，获取途径和使用过程更加简便快捷。

（3）用户体验感不同

传统的 App 会不定时地主动发出产品营销等垃圾信息，并且 App 安装包通常占据了手机几十兆甚至更多的内存，每次更新后内存都会增加，且需要注册登录才能使用，给用户造成麻烦。而微信小程序则直接绑定微信信息即可，在用户进入微信小程序界面后，利用已有的固态模板来进行信息交流，提供相应的服务功能，从而避免了过多无用的信息推送以及过度营销，减少了用户的困扰。

（4）市场前景不同

目前传统的 App 市场饱和程度较高，涵盖教育、社交、拍摄、理财等各个领域，市场拓展范围较窄。而微信小程序作为新型平台，在很多场景中尚未被开发，优质的服务功能还有待挖掘，具有更大的市场发展机会。

2.3 智慧图书馆微服务

2.3.1 智慧图书馆微服务的概念

微服务一词最早亮相于 2011 年召开的威尼斯软件架构师研讨会上。当时，微服务是用来描述计算机领域的一种通用性架构机制。如今，微服务概念在智慧图书馆领域可算是热门研究主题。国内较早研究微服务应用于图书馆的学者是张英（2011），她认为图书馆的微服务主要依托于互联网技术及通用技术，为读者提供细微化、个性化、差异化的阅读服务，能够很好地满足读者的碎片化阅读需求[91]。刘丽萍等（2013）认为图书馆的微服务是依托各种全媒体信息技术，通过便捷的移动端设备，为读者提供精细化、个性化、全方位的移动服务和移动化知识，更加注重用户的多样化需求[92]。杜丽莎（2016）认为微服务是移动图书馆服务的延伸和拓展，强调的是一种服务理念的变革，是对"以用户为中心"的服务理念的深入[93]。目前，在图书情报领域，学者们对于微服务的定义趋向一致，认为智慧图书馆的微服务是以用户为中心的精细化、泛在化、个性化、便捷化的新兴服务模式。随着信息化的高速发展，图书馆的传统服务模式已无法满足用户日益多样的需求，微服务作为图书馆的新兴服务模式，在未来将成为主流发展模式。

所谓智慧图书馆微服务，就是指以读者为中心，以互联网为载体，为使用无线网络传输移动终端设备的读者提供线上线下多样化、轻量化的信息资源服务，使读者实现时间零散化、内容碎片化、形式互动性强，信息接收方式趋向移动化。

2.3.2　智慧图书馆微服务的特点

智慧图书馆微服务是一种以用户为中心，以移动技术和设备为支撑的新型服务模式，能够为用户提供精细化、泛在化服务，具有极高的便利性和经济性[94]。而智慧图书馆作为一个公益性机构，它所承载的教育职能、文化传承功能以及社会公益功能决定了它必然要开展微服务工作。因此，智慧图书馆微服务具有以下五个特征。

（1）服务对象广泛化

智慧图书馆的服务对象众多，覆盖所有用户，包括各类人员在内，涵盖各行各业、各行业、各个年龄段，而不是局限于某一特定群体。这就意味着，智慧图书馆微服务是一种全方位的开放的服务体系。它在一定程度上扩大了智慧图书馆的服务范围，推动智慧图书馆成为一个面向社会大众的知识宝库和文化窗口。

（2）服务内容多样化

随着服务对象的增多和读者的要求越来越高，智慧图书馆的服务内容也越来越丰富。以纸质图书为主要内容的传统智慧图书馆，由于其功能单一而不能满足用户多样化的需求。为此，智慧图书馆开始尝试利用微服务进行扩展，推出各种新服务。例如，为方便学生学习，智慧图书馆开发了基于微信公众平台的"微课"，为高校师生提供更加便捷高效的学习资源；为解决大学生就业难问题，智慧图书馆开通了校园招聘网站等。智慧图书馆的微服务在满足广大读者的需要的同时，也在创造更多趣味内容，从而培养和提升读者的信息素养。

（3）服务模式灵活化

由于智慧图书馆的服务对象具有多样性，且读者对信息有较高要求，因此服务模式灵活多变。从形式来看，可分为被动服务和主动服务两种类型。被动服务是指智慧图书馆根据自身需要，定期或不定期向用户推送讲座、图书、活动等信息，用户可以很容易地获得这些信息，而不需要花费时间和努力，以方便读者了解最新动态。主动服务则是指智慧图书馆在其微服务平台上提供多项功能，满足不同用户的需求，包括阅读指导、参考咨询、文献传递、专题论坛及个人定制等，使读者能够随时随地按照自己的需求来选择智慧图书馆提供的服务，从而实现"一站式"服务模式，最大限度地满足用户需求。

（4）服务范围个性化

智慧图书馆微服务必须面向特定用户群并能及时响应用户需求。这就要求智慧图书馆微服务要具备较高的响应速度和准确把握用户意见的能力，同时也要求智慧图书馆微服务内容应具有一定的深度和广度，使之更具吸引力。另外，智慧图书馆微服务体系还应该具有鲜明的时代特征和地域特色。比如，要考虑到不同地区、不同人群对阅读需求的差异性以及他们各自的特点，这样才能真正为读者提供更好的个性化优质服务。

（5）服务形式移动化

目前，在无线网络环境下，智慧图书馆微服务是通过智能手机、个人电脑等微移动学习媒体实现的。与传统纸质书籍相比，它可以随时随地进行图书借阅或获取资料，从而大大节省了时间成本。除此之外，其不仅具有便携、易读、信息量大、易于复制、及时等优点，还促使用户将自己的个性化知识分享出去。因此，基于移动技术的微服务必将成为未来智慧图书馆服务发展的一个新趋势。

2.4　循证图书馆理论

循证图书馆（evidence – based librarianship，EBL）概念在 1997 年由美国埃尔德雷奇（Eldredge）教授首次提出，自此循证图书馆研究受到了许多学者的关注[99]。2000 年，英国布思（Booth）教授对循证图书馆概念进行了相关定义，认为循证图书馆是一种有效整合信息科学的方法，能够将获得的最佳证据和用户需求相结合，帮助图书馆做出合理决策，解决图书馆工作中遇到的实际问题，从而提高图书馆服务的质量和效率，促进图书馆事业持续健康发展[100]。如今，循证图书馆被学者们总结成了一个等式，EBL = 可获得的最佳证据 + 用户的需求 + 图书馆馆员的经验。

在整个循证图书馆研究过程中，核心研究内容为寻找最佳的证据。为了判别证据的可靠性和最佳性，有学者提出了证据分级概念，并构建了证据金字塔，这在一定程度上为寻找最佳的证据提供了参考借鉴，如图 2 – 1 所示。从证据金字塔示意图可以看出，处在金字塔最底端的证据研究为专家学者、实践人员、服务对象意见，依次往上是单个案例研究、描述研究、准实验研究、其他可控试验研究、定群研究、随机对照试验研究，处在塔尖的证据研究为系统评价研究，可以发现越靠近金字塔顶的证据越符合最佳证据的要求，因此常用的系统评价研究方法是循证图书馆理论中最重要的方法。

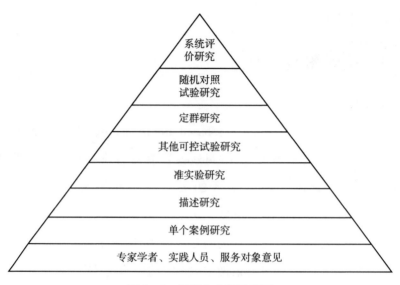

图 2 - 1　证据金字塔示意图

对于循证图书馆研究，有着一个较为规范的研究步骤。美国埃尔德雷奇教授认为循证图书馆研究步骤包括形成定义清晰的问题、进行相关文献检索、评价证据、评价效果等[101]，国内学者赵发珍认为循证图书馆研究步骤包括确定研究方向、形成研究问题、寻找最佳的证据、形成研究报告四个方面。根据两位学者对循证图书馆研究步骤的定义，说明在整个研究过程中，首先应该根据图书馆实践和用户需求情况确定研究方向，然后进一步凝练出清晰具体的研究问题，进而寻求最佳证据，确定研究方法及证据收集步骤，并对收集到的证据进行评价，若评价不合格则重新寻找最佳证据，若评价合格则研究成立，形成正式的研究方案或报告，完成整个循证图书馆研究。

由于循证图书馆的实践可以弥合理论与实践之间的鸿沟，近年来受到了国内学者的广泛关注和应用。目前，循证图书馆主要应用于图书馆研究现状、决策咨询、开放获取等领域，具体包括图书馆推荐、知识服务、决策咨询服务、阅读推广服务、阅读推广效果评估等方面。

2.5　扎根理论

1967 年，扎根理论由国外社会学家格拉泽和斯特劳斯（Glaser & Strauss）提出并明确了扎根理论的研究思路，认为不依赖现有的理论演绎出验证假设，而且基于数据研究发展理论[102]。整个扎根理论强调对过程的考察，是建立在文献资料的基础之上，针对特定的现象、采用多种资料收集方法获取研究资料，并归纳分析形成解释性分析成果，进而构建理论的一种质性研究方法。

在国外，扎根理论质性研究方法自提出后，受到社会科学研究领域学者的关注和广泛应用，一般与量化研究方法相结合来进行科学研究。在国内，质性研究方法最早出现于 20 世纪初，此后学者们从方法的具体实践层面对质性研究进行了大量探讨。目前，扎根理论质性研究方法主要应用于电子商务、旅游服务、知识管理等领域，并取得了不错的效果。

扎根理论在应用过程中，共分为五个步骤进行，具体包括资料收集、开放式编码、主轴编码、理论编码、饱和度检验，如图 2－2 所示。第一步为资料收集，这是扎根理论质性研究的初始阶段。在明确好研究问题之后，可以根据研究对象的特点，结合深度访谈、文本分析等方法收集所需要的音频、视频、文字等各种形式的相关资料。第二步为开放式编码，形成概念和亚类属。具体操作是先对收集资料中的每个句子、片段、事件等进行命名，本着开放性、尊重事实、精炼概念的原则，基于已有研究资料形成初始代码，实现初始编码。而后对重要的或者出现频次高的初始代码进行总结归纳，并确保这些归纳出的初始代码集合能够充分代表研究资料内容，实现聚焦编码。第三步为主轴编码，形成核心概念和类属。具体操作是通过整合相似的观点，并适当地模糊概念，在亚类属之间建立联系，将亚类属归纳成类属，形成具体化类属属性和维度的过程。第四步为理论编码，建立类属之间的关联关系。具体操作是通过类属之间可能的关系抽象出来建立理论假设，具体化类属之间的相互关系，实现构建新的理论模型。第五步为饱和度检验，用于确定所构建的理论模型

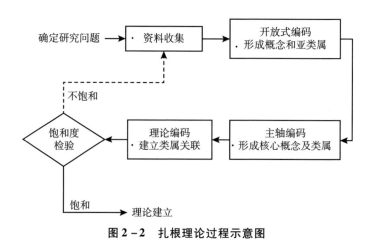

图 2-2　扎根理论过程示意图

是否已经能够充分反映研究问题，有利于保障所构建理论的充分性。具体的操作是对用于检验的研究资料进行编码，如果已经建立的理论模型类属能够完全涵盖该编码，则理论饱和，反之则不饱和，需要继续进行编码直到检验饱和为止。

第 3 章
"轻应用"背景下智慧图书馆
微服务现状分析

　　近几年，疫情期间人们日常出行通过微信小程序扫描健康码，使得基于"超级 App"的"轻应用"小程序受到大众的关注和喜爱。正是由于"轻应用"小程序无须下载、即搜即用的特点，能够给用户带来极大的便利，同时还能让用户获得不错的体验感，使我国"轻应用"小程序发展速度之快、应用场景之广、影响程度之深前所未有。目前，"轻应用"小程序形成了包括微信小程序、QQ 小程序、支付宝小程序、百度小程序、快应用等在内的轻应用小程序联盟。在这种背景下，智慧图书馆正在借助"轻应用"小程序提高微服务建设服务能力，提升智慧图书馆的微服务质量和用户满意度。由此可见，将"轻应用"小程序与智慧图书馆微服务高效链接具有重要的发展意义，为此，本书对"轻应用"背景下智慧图书馆微服务发展现状展开研究。

3.1 智慧图书馆开展微服务情况分析

为促进我国公共文化服务体系现代化建设，推动公共图书馆快速、健康地发展，中华人民共和国文化和旅游部于 2017 年 3 月至 2018 年 6 月组织了第六次全国县级以上公共图书馆的评估和定级工作。此次评估定级的公共图书馆共计 2522 个，其中：一级图书馆 969 个，二级图书馆 519 个，三级图书馆 1034 个。为了使调查结果具有代表性，本书选取了 31 所省级智慧图书馆作为此次的研究对象，调研各智慧图书馆应用微信小程序、支付宝小程序、QQ 小程序、快应用和百度小程序的微服务建设情况。

2022 年 7 ~ 8 月，作者通过在线调查，结合文献调研、网络调研等方法，对我国 31 所省级智慧图书馆的微服务开展现状进行了详细的调查和汇总。具体调研内容包括小程序服务平台开通情况、微服务的内容、微服务的功能等方面。

3.1.1 小程序开通现状

针对包括微信小程序、支付宝小程序、QQ 小程序、快应用和百度小程序等在内的小程序展开调查，进入小程序平台，对各省级智慧图书馆名称进行关键字检索，然后查询小程序的开通情况，具体调查结果如表 3 - 1 所示。调查结果显示，31 所省级图书馆开通的小程序主要为微信小程序、支付宝小程序以及 QQ 小程序，其他小程序暂时还没有开通。其中：有 25 所省级智慧图书馆开通了微信小程序，开通率为 80.65%；有 12 所省级智慧图书馆开通了支付宝小程序，开通率为 38.71%；有 2 所省级智慧图书馆开通了 QQ 小程序，开通率为 6.45%。仅开通一种小程序的省级智慧图书馆有 15 所，开通两种小程序的省级智慧图书馆有 10 所，同时开通三种小程序的省级智慧图书馆仅有湖南省图书馆。另外，天津图书馆、河北省图书馆、甘肃省图书馆以及黑龙江省图书馆三种小程序均未开通。

表 3 - 1　　　　　　31 所省级智慧图书馆小程序开通情况

序号	图书馆名称	微信小程序	支付宝小程序	QQ 小程序
1	首都图书馆	√	×	√
2	天津市图书馆	×	×	×
3	河北省图书馆	×	×	×
4	辽宁省图书馆	√	√	×
5	上海市图书馆	√	√	×
6	江苏省图书馆	√	√	×
7	浙江省图书馆	√	√	×
8	福建省图书馆	√	×	×
9	山东省图书馆	√	√	×
10	广东省立中山图书馆	√	×	×
11	海南省图书馆	×	√	×
12	山西省图书馆	√	×	×
13	黑龙江省图书馆	×	×	×
14	安徽省图书馆	√	√	×
15	江西省图书馆	√	√	×

续表

序号	图书馆名称	微信小程序	支付宝小程序	QQ 小程序
16	河南省图书馆	√	×	×
17	吉林省图书馆	√	×	×
18	湖北省图书馆	√	√	×
19	湖南省图书馆	√	√	√
20	四川省图书馆	√	×	×
21	重庆市图书馆	×	√	×
22	贵州省图书馆	√	√	×
23	西藏自治区图书馆	√	×	×
24	云南省图书馆	√	×	×
25	陕西省图书馆	√	×	×
26	广西壮族自治区图书馆	√	×	×
27	甘肃省图书馆	×	×	×
28	青海省图书馆	√	×	×
29	宁夏回族自治区图书馆	√	×	×
30	新疆维吾尔自治区图书馆	√	×	×
31	内蒙古自治区图书馆	√	×	×

通过分析发现,微信小程序是我国大多数省级智慧图书馆微服务平台建设的主流选择。由于 QQ 的私密度较高,开放程度较低,不适宜作为智慧图书馆微服务建设平台,因此各省级智慧图书馆基本上都不开通 QQ 小程序。综合分析,本书后续对于"轻应用"背景下智慧图书馆微服务体系构建研究,主要围绕着微信小程序服务平台开展。

3.1.2　微服务内容分析

　　根据上述对 31 所省级智慧图书馆微信小程序开通情况的调查，发现只有 25 所省级智慧图书馆开通了微信小程序，因此，通过登录已开通微信小程序的 25 所省级智慧图书馆微信小程序对其微服务项目内容进行初步查询和记录，具体调查结果如表 3 - 2 所示。根据 25 所省级智慧图书馆微服务内容的查询与记录，发现我国基于微信小程序服务平台建设的智慧图书馆微服务取得了一定成效，并且随着技术的不断进步，微服务已逐渐从理论研究走向实践探索。这些微服务项目不仅对提升智慧图书馆微服务质量起到积极作用，而且对于推进数字阅读推广活动发挥着重要意义。另外，部分智慧图书馆融合时代与本地特色，开设了党建好书领读、秦腔、岭南印象、语言设置等个性化内容与功能，可以有效加强读者与图书馆之间的联系，进一步提升智慧图书馆微服务利用率。还有部分智慧图书馆开展了中华诗词、中国文艺志愿者在行动、红色之旅、民俗之旅、文化之旅等具有浓厚中华文化底蕴和色彩的微服务内容，让更多人了解中华文化，有利于培养与提高公众的文化自信，更好地保护和传承我国文化遗产。

　　总体来说，我国智慧图书馆微服务内容形式多样，除了有传统的在线阅读服务外，还有创新性的听书服务、短视频荐书服务、热门直播服务、特色服务等。但是仍存在微服务内容重复度高的问题，各省级智慧图书馆还需根据自身情况，增加和丰富服务内容，提供更多优质的创新性服务内容。

表 3 – 2　　　　　　　　25 所省级智慧图书馆微服务内容

序号	图书馆名称	小程序名称	微服务内容
1	首都图书馆	首都图书馆	成人馆预约、少儿馆预约、活动预约、开馆时间、常见问题（包括读者卡办理及使用规则、首图位置及开馆时间、图书借阅与数字资源利用、读者活动等）、借阅排行榜、入馆指南、精彩活动、图书推荐、首图资讯等
2	内蒙古自治区图书馆	内蒙古自治区图书馆	每日快听、主题书单、活动、打卡、党建好书领读、名家讲坛、畅读电子书、精品资源、热门有声书、课程、中华诗词、精彩视频、中国文艺志愿者在行动、短视频荐书、艺术一刻钟、图库等
3	山西省图书馆	山西省图书馆数字阅读	每日加油站、主题书单、活动、打卡、每日快听、行走山西、党建好书领读、名家讲坛、猜你喜欢、热门电子书、连环画、热门有声书、精选课程、最新期刊、精彩视频、中国文艺志愿者在行动、短视频荐书、外部资源（包含 QQ 阅读、易趣动漫等）等
4	辽宁省图书馆	辽宁省图书馆阅读平台	每日快听、主题书单、活动、打卡、党建好书领读、名家讲坛、畅读电子书、精品资源、热门有声书、课程、中华诗词、精彩视频、中国文艺志愿者在行动、短视频荐书、中文在线、畅想之星等
5	吉林省图书馆	吉林省图书馆数字阅读	每日快听、主题书单、活动、打卡、党建好书领读、名家讲坛、畅读电子书、热门有声书、精彩视频、馆员荐书、中国文艺志愿者在行动、短视频荐书等
6	上海图书馆	上海图书馆阅读季	活动日历、我的预订、开始阅读、馆藏读书、活动主题列表等
7	南京图书馆	南图活动	热门、活动、直播、活动预告等

续表

序号	图书馆名称	小程序名称	微服务内容
8	浙江图书馆	浙里阅	主题书单、网上展览、热门直播、信阅借书、活动集市、活动日历、积分商城、品牌活动、今日荐读、每日一讲、热门活动、特色资源、热门图书、名师讲坛、热门期刊、资源（包含党员学习系列课程、中文在线、龙源书屋等）等
9	江西省图书馆	数字阅读云平台	活动、打卡、读书会、更多资源服务（新东方、贝贝国学、妙趣手工坊）、共享资源（链接到湖南省图书馆、云南省图书馆等）、党建好书领读、畅读电子书、每日快听、热门有声书、精彩视频、课程、主题书单、中国文艺志愿者在行动、短视频荐书、图库、赣图锦书、党建作品集等
10	山东省图书馆	山东省图书馆数字阅读云平台	每日快听、主题书单、读书会、活动、打卡、畅读电子书、热门有声书、课程、中华诗词、精彩视频、中国文艺志愿者在行动、短视频荐书、外部资源等
11	湖北省图书馆	湖北省图书馆	活动、打卡领取书券、主题书单、共享资源（可以使用其他公共图书馆的数字文化功能）、馆头条、每日好书领读、畅读电子书、课程、精彩视频、短视频荐书、中国文艺志愿者作品等
12	湖南图书馆	湖南图书馆数字阅读云平台	每日快听、组队读书、活动、打卡、更多资源服务（乐于学少儿多媒体数据库、知识视界、新时代红色讲坛、中邮爱读宝）、湖湘广记、畅读电子书、每日好书领读、掌阅精选、热门有声书、连环画、红色之旅、民俗之旅、文化之旅、短视频荐书、《楚风》期刊等
13	广东省立中山图书馆	广东省立中山图书馆数字阅读云平台	每日快听、主题书单、活动、打卡、党建好书领读、名家讲坛、畅读电子书、热门有声书、课程、精彩视频、馆员荐书、中国文艺志愿者在行动、短视频荐书、岭南印象等

续表

序号	图书馆名称	小程序名称	微服务内容
14	广西壮族自治区图书馆	广图预约	图书检索、愿望单、当前预约、历史预约等
15	四川省图书馆	川图云阅读平台	书单推荐、活动、签到、发现、共读、合作资源商、最美家乡话、每日推荐、热门听书、杂志、浏览足迹等
16	云南省图书馆	云南省图书馆数字阅读平台	每日快听、主题书单、活动、打卡、党建好书领读、名家讲坛、畅读电子书、热门有声书、课程、精彩视频、中国文艺志愿者在行动等
17	陕西省图书馆	陕西省图书馆	每日快听、主题书单、活动、打卡领取书券、陕西特色活动（包括秦腔、陕图风采）、名家讲坛、畅读电子书、热门有声书、课程、中华诗词、精彩视频、短视频荐书、中国文艺志愿者作品等
18	宁夏图书馆	宁夏图书馆数字阅读平台	每日快听、主题书单、活动、打卡、党建好书领读、小编推荐、名家讲坛、畅读电子书、热门有声书、精彩视频、中国文艺志愿者在行动、短视频荐书等
19	安徽省图书馆	安徽省公共图书馆联盟云	最新资讯、活动推荐、场馆预约、在线展览、讲座培训、问卷调查、志愿者（包括志愿风采、项目、团体以及志愿者之星、志愿者注册等）、志愿者招募、公益秀等
		仁仁阅数字阅读平台	每日快听、主题书单、活动、打卡、中国好书、党建好书领读、小编推荐、名家讲坛、畅读电子书、热门电子书、课程、精彩视频、中国文艺志愿者在行动、短视频荐书等
20	福建省图书馆	福建省图书馆	每日快听、主题书单、读书会、活动、打卡领书券、数字服务（包括中华优秀传统文化库、国研网等）、福建文化记忆、畅读电子书、作品展示、热门有声书、党建好书领读、课程、精彩视频、中国文艺志愿者节目等

续表

序号	图书馆名称	小程序名称	微服务内容
21	贵州省图书馆	贵州省图书馆数字阅读	每日加油站、主题书单、活动、打卡、党建好书领读、猜你喜欢、名家讲坛、热门电子书、热门有声书、中华诗词、精彩视频、中国文化志愿者在行动、短视频荐书等
22	西藏自治区图书馆	西藏自治区图书馆官网	语言设置（分为简体中文和藏文）、数字资源、资讯、活动、培训等
		西藏自治区图书馆	每日快听、主题书单、活动、打卡、党建好书领读、名家讲坛、畅读电子书、热门有声书、课程、精彩视频、三生石说西藏、中国文艺志愿者在行动、短视频荐书等
23	河南省图书馆	河南省图书馆数字阅读平台	每日快听、主题书单、活动、打卡、党建好书领读、名家讲坛、畅读电子书、热门有声书、课程、精彩视频、馆员荐书、中国文艺志愿者在行动、短视频荐书等
24	青海省图书馆	青海省图书馆数字阅读平台	每日快听、主题书单、活动、打卡、党建好书领读、精品资源、名家讲坛、畅读电子书、热门有声书、课程、精彩视频、中国文艺志愿者在行动、短视频荐书等
25	新疆维吾尔自治区图书馆	新疆图书馆数字阅读平台	每日快听、主题书单、活动、打卡、共享资源、云上看展、游新疆、歌新疆、味新疆、听新疆、兵团文艺佳作导读、主题书单、中国文艺志愿者在行动、短视频推荐书等

3.2　智慧图书馆微服务用户满意度调查

通过对智慧图书馆微服务开展现状分析，发现我国大多数智慧图书馆基本上都开通了小程序，并为用户提供了丰富的微服务内容，但是有部分智慧图书馆还未开通小程序，这也导致每个图书馆间的微服务建设工作有所差距。因此，提升智慧图书馆微服务质量迫在眉睫。而用户对小程序服务的满意度评价是改善服务质量的重要依据，分析用户对微服务质量的满意程度，有助于了解用户对小程序微服务内容的偏好，继而从根源上提升智慧图书馆微服务质量。为此，本书通过文献调研法以及问卷调查法确定智慧图书馆小程序服务评价指标，并对小程序服务质量进行满意度实证研究。

3.2.1　微服务评价指标确定

（1）评价指标的初步设计

为了设计出更加客观、合理的评价指标，作者参考了图书馆微信公众平台、网站、移动图书馆、微服务、数字图书馆等服务的质量评价研究，同时借鉴了国内外比较成熟的质量评价模型，并在此基础上参照小程序的技术特色以及服务热点，增加了几项指标。

本书在小程序服务评价指标的选择上主要参考了与小程序同根同源的微信服务评价研究，并结合小程序在用户体验方面的评价指标，最后初步设计出智慧图书馆微服务评价指标体系，体系包括 4 个一级指标和 22 个二级指标。其中，22 个二级指标是对收集到的论文和模型进行扎根分析而总结出来的，结果如表 3 - 3 所示。此初步设计的微服务评价指标体系是利用 Nvivo 质性分析软件对收集到的相关文献进行归纳概括而获得的，其普适性和合理性还需进一步检验。

表 3 – 3　　　　　智慧图书馆微服务评价预设指标体系

评价维度	二级指标	指标说明	指标来源
小程序设计规范	基本信息	小程序基本信息规范全面，包括图标、名称以及账号介绍	微信小程序 UI 设计规范
	界面精简度	界面设置简洁清晰，不影响用户正常预览	微信小程序 UI 设计规范
	界面美观度	色彩运用、图片、样式协调，文字大小与字体的选用合理	微信小程序 UI 设计规范
	导航设计	各级页面导航明确告知或进入退出位置，每级页面主次结构合理	微信小程序 UI 设计规范
小程序用户体验	可进入性	页面提供的服务都能进入、无未开放的现象	本书提出
	运行速度	运行流畅、界面能够快速打开	张熠
	系统稳定性	系统使用过程中发生崩溃或无法打开	狄亚飞
	易检索性	小程序容易模糊检索	本书提出
微服务内容设置	公告信息	提供新闻公告、讲座资讯、活动通知等信息	王慧杰
	读者服务	提供座位预约、图书预约续借、资源荐购等功能	李士棋
	特色服务	提供基本服务之外的增值服务，如期刊订阅、提供数据库服务等	本书提出
	个人业务	提供个人账号登录、注销、修改个人资料等功能	李士棋
	自助查询	提供座位查询、借阅信息查询、馆藏查询等服务	王慧杰
	场景服务	提供实景导航、人工智能机器人服务、线上线下融合等服务	本书提出

评价维度	二级指标	指标说明	指标来源
微服务内容质量	新颖性	提供的服务内容新颖,不抄袭其他内容	本书提出
	全面性	提供的服务内容全面	狄亚飞
	时效性	新闻公告等信息具有时效性,时常更新	狄亚飞
	权威性	小程序提供的信息公告来源真实可靠,具有权威性	李士棋
	实用性	提供的服务实用,能够满足用户的基本需求	李士棋
	多样化	提供的服务内容丰富多样,不单一	本书提出
	个性化	根据用户的兴趣及身份提供个性化服务,如推荐图书和推荐活动等	李士棋
	易理解性	易理解性提供的微服务内容简单,便于用户理解	本书提出

（2）评价指标的检验

为得出科学合理的智慧图书馆微服务评价指标,本书采用问卷调查法收集数据,然后对初步设计的评价指标进行检验。首先分五个模块设计问卷,第一模块为用户基本信息,其余四个模块按照评价维度划分。各模块问题按照二级指标设置,选项按照李克特量表分五个梯度（非常不重要为1分、不重要为2分、一般重要为3分、比较重要为4分、非常重要为5分）,对每项指标进行打分,作为指标考察的重要评判依据。开放性问题设置与问卷,作为问卷价值考察的依据。然后选取江西省图书馆用户为调查对象，共发放问卷 178 份，回收问卷 165 份，其中有效问卷 153 份，有效率为 92.73%，符合预定样本规模。为验证样本数据的合理性，利用 SPSS 分析软件对样本数据进行描述性统计分析，计算 153 份问卷数据的均值和方差。通过计算得出用户对于 22 项指标的得分均值范围为 3.30 ~ 4.22，这表明样本数据分布以及指标提取合理。

采用探索性因子分析法对智慧图书馆微服务评价指标进行数据分析和检验，根据检验的结果修正指标，以期构建合理、科学、有效的智慧图书馆微服务评价指标体系。首先，利用 Cronbach α 系数对满意度问卷的可靠性与有效性进行检验，结果 Cronbach α 值为 0.940，大于 0.9，故分析的数据具有很高的内在一致性，可靠性较强，可以对初步设计的评价指标体系进行下一步分析。其次，利用 Bartlett 球形检验以及 KMO 检验进行因子分析适用性的测量，结果如表 3 - 4 所示，其中，Bartlett 球形检验统计量为 1257.415，相应的显著性检验 p 值为 0，KMO 值为 0.819 > 0.7，表明分析结果较好，因子贡献率高，问卷具有结构效度，适合做因子分析。

表 3 - 4　　　　　　　　　Bartlett 球形检验以及 KMO 检验

KMO 取样适切性量数		0.819
巴特利特球形度检验	近似卡方	1257.415
	自由度	231
	显著性	0.000

采用主成分分析对样本数据进行降维，以特征值大于 1 的标准来提取公因子，最终提取 4 个公因子，抽取的因子足以说明样本总体情况。如表 3 - 5 所示，方差累积解释度为 68.283%，大于 50%，能够较好地解释数据的信息量。继续采用最大方差法进行选择，再由旋转成分矩阵确定公因子，得到观测变量结果，如表 3 - 6 所示。根据《结构方程模型及应用》中的观点，若严格要求，因子荷载在 0.5 以下的指标则需要进行删除。在初步设计的评价指标体系中，二级指标"多样化"的所有因子荷载量均小于 0.5，因此剔除该项指标。

表 3 - 5　　　　　　　　　　　　　总方差解释

公因子	初始特征值			提取载荷平方和			旋转载荷平方和		
	总计	方差百分比	累积（%）	总计	方差百分比	累积（%）	总计	方差百分比	累积（%）
1	10.037	45.621	45.621	10.037	45.621	45.621	4.797	21.803	21.803
2	2.564	11.654	57.275	2.564	11.654	57.275	4.205	19.116	40.919
3	1.373	6.240	63.515	1.373	6.240	63.515	3.709	16.861	57.779
4	1.049	4.768	68.283	1.049	4.768	68.283	2.311	10.504	68.283

表 3 - 6　　　　　　　　　　　　旋转后的因子荷载量

二级指标	成分			
	1	2	3	4
基本信息	0.123	0.904	0.119	0.077
界面精简度	0.283	0.864	- 0.020	0.089
界面美观度	0.380	0.759	0.104	0.140

二级指标	成分			
	1	2	3	4
导航设计	0.191	0.831	0.160	0.168
服务可进入性	0.115	0.810	0.158	0.234
运行速度	0.424	0.260	0.244	0.612
系统稳定性	0.571	0.174	−0.002	0.434
易检索性	0.194	0.158	0.129	0.768
公告信息	−0.006	0.054	0.871	0.168
读者服务	0.340	0.247	0.333	0.606
特色服务	0.151	0.094	0.738	0.372
个人业务	0.540	0.138	0.451	0.312
自助查询	0.564	0.222	0.333	0.305
场景服务	0.572	0.146	0.473	0.216
新颖性	0.478	0.138	0.605	−0.108
全面性	0.685	0.205	0.431	0.115
时效性	0.533	0.041	0.665	−0.044
权威性	0.768	0.229	0.096	0.264
实用性	0.756	0.234	0.145	0.206
多样化	0.474	0.322	0.370	0.297
个性化	0.190	0.135	0.644	0.132
易理解性	0.697	0.377	0.173	0.161

（3）评价指标的确立与权重赋值

在智慧图书馆微服务评价指标体系初步构建的基础上，对评价指标进行检验以及筛选，最后得出包含 4 个维度 21 项评价指标的评价指标体系，如表 3 - 7 所示。根据此体系，进行初步主成分分析以确定各指标权重。权重值的大小反映了指标的重要程度以及对总体的影响程度。权重值越大，说明评价指标越重要，对整体影响越大。根据重新旋转的 4 个主成分的方差贡献率以及指标在各主成分线性组合中的系数可以求出二级指标的权重，如表 3 - 7 所示。

表 3 - 7　　　　　　智慧图书馆微服务评价指标体系及权重

评价维度	二级指标	综合得分系数	权重（%）
小程序设计规范	基本信息	0.1667	4.53
	界面精简度	0.1697	4.61
	界面美观度	0.1912	5.19
	导航设计	0.1833	4.98
小程序用户体验	服务可进入性	0.1755	4.77
	运行速度	0.1939	5.27
	系统稳定性	0.1568	4.26
	易检索性	0.1452	3.94
微服务内容设置	公告信息	0.1371	3.72
	读者服务	0.19	5.16
	特色服务	0.1709	4.64
	个人业务	0.1926	5.23
	自助查询	0.1884	5.12
	场景服务	0.191	5.19
微服务内容质量	新颖性	0.1599	4.34
	全面性	0.1986	5.39
	时效性	0.1683	4.57

评价维度	二级指标	综合得分系数	权重（%）
微服务内容质量	权威性	0.1858	5.05
	实用性	0.1917	5.21
	个性化	0.1429	3.88
	易理解性	0.1826	4.96

3.2.2 用户满意度实证分析

（1）问卷设计与对象选取

本书利用已构建的评价指标体系，对智慧图书馆微服务用户满意度进行实证研究。通过调查智慧图书馆用户，了解其对所在图书馆提供的微服务的满意程度。首先，进行调查问卷的设计。本次调查问卷的内容主要分为五部分：问卷调查说明、用户基本信息调查、小程序设计规范维度的满意度调查、小程序用户体验维度的满意度调查、微服务内容设置维度的满意度调查以及微服务内容质量维度的满意度调查（见附录2）。各项指标按照李克特量表（很不满意为1分、不满意为2分、一般满意为3分、比较满意为4分、很满意为5分）进行打分。为获得更加真实有效的调查结果，本次调查对象选取了江西省图书馆的238位用户，利用微信转发和现场张贴二维码结合的方式分发问卷进行调查。

（2）数据采集

此次问卷调查主要采用问卷星的方式，通过网络收集数据。共发放问卷238份，最后回收问卷211份，有效问卷193份，有效率为 91.47%。为得出智慧图书馆微服务满意度的综合得分，首先求出每项指标的平均值，然后将均值折算为百分制，最后将每项指标得分与指标权重相乘进行加权计算，求出智慧图书馆微服务的整体得分，具体结果如表 3 – 8 所示。

表 3 – 8　　　　　　智慧图书馆微服务用户满意度得分

评价维度	二级指标	综合评分	指标权重（%）	加权得分
小程序设计规范	基本信息	4.7273	4.53	0.2141
	界面精简度	4.4545	4.61	0.2054
	界面美观度	4.5455	5.19	0.2359
	导航设计	4.3636	4.98	0.2173
小程序用户体验	可进入性	4.6091	4.77	0.2199
	运行速度	4.7273	5.27	0.2491
	系统稳定性	4.5455	4.26	0.1936
	易检索性	4.0909	3.94	0.1612
微服务内容设置	公告信息	2.8182	3.72	0.1048
	读者服务	4.4545	5.16	0.2299
	特色服务	3.1818	4.64	0.1476
	个人业务	4.1818	5.23	0.2187
	自助查询	4.3636	5.12	0.2234
	场景服务	3.9091	5.19	0.2029
微服务内容质量	新颖性	2.8182	4.34	0.1223
	全面性	3.9091	5.39	0.2107
	时效性	3.3636	4.57	0.1537
	权威性	4.4545	5.05	0.2250
	实用性	4.0909	5.21	0.2131
	个性化	3.4545	3.88	0.1340
	易理解性	4.0909	4.96	0.2029
整体得分				4.0856

（3）用户满意度数据分析

根据表 3 - 8 可知，满分 5 分的情况下，江西省图书馆小程序的整体得分为 4.0856，折算成百分制为 81.71 分，总体来说属于比较良好的成绩，用户满意度较高。详细情况分析如下。

在小程序设计规范这一评价维度中，四项评价指标的得分都很高，均在 4 分以上，其中基本信息这一指标分数最高为 4.7273 分。可知江西省图书馆微信小程序设计比较规范，名称、图标和账号介绍完整清晰，一目了然。虽然江西省图书馆小程序内容介绍很简单，但是该小程序提供的服务内容却比较丰富，而且可以看到该小程序蓝色为背景色，给人一眼看起来很舒服的感觉。小程序底部设置 4 个主导航键，分别为首页、选书、书架以及我的，各级页面的导航清晰明确，主次结构合理。综上所述，江西省图书馆小程序设计比较规范，获得了用户的高度认可。

在小程序用户体验这一评价维度中，可进入性、运行速度、系统稳定性以及易检索性四项指标的得分均在 4 分以上。其中运行速度获得最高分 4.7273 分，其次是可进入性为 4.6091 分，这正好与小程序操作便捷、运行快速的特点相吻合。用户只需要在微信小程序检索框中输入江西省图书馆，即可检索出江西省图书馆小程序，名称为数字阅读平台。再加上小程序是基于微信应用系统运行的，因此在运行方面，小程序不容易出现系统崩溃或者无法打开的现象。

在微服务内容设置这一评价维度中，读者服务、个人业务以及自助查询等服务得分较高，均在 4 分以上，而公告信息、特色服务以及场景服务等得分较低，均在 4 分以下。这说明在传统服务方面，图书馆小程序还是做得一如既往的好，但是在创新性服务方面还有待提高。尤其在公告信息服务方面，图书馆应该加强建设，为用户提供更多活动、培训、讲座等公告信息，方便用户及时获取所需要的服务内容。另外，特色服务建设也是江西省图书馆服务建设方面的弱点，无法满足用户多元化的服务需求。

在微服务内容质量这一评价维度中，微服务内容的权威性、全面性以及易理解性获得较高的得分，均在 4 分以上，而微服务内容的新颖性、全面性、时效性以及个性化等方面得分较低，均在 4 分以下，其中服务新颖性更是低至 2.8182 分，这说明图书馆对于微服务内容的创新比较少，多是与其他图书馆类似的微服务内容。同时，图书馆在微服务内容更新方面做得也不够好，没有结合图书馆的建设发展情况以及用户的服务需求及时地完善和更新服务内容。因此，导致图书馆在个性化服务方面获得较低的得分。

3.3 智慧图书馆微服务实践中存在的问题

结合调研数据可知，我国智慧图书馆在"轻应用"背景下开展微服务的现有成就主要有两个方面：一是大部分智慧图书馆已开通微信小程序服务平台来开展微服务；二是智慧图书馆通过微信小程序服务平台提供的微服务内容数量多。通过对 31 所省级智慧图书馆展开网络数据调查，可以发现已有 25 所智慧图书馆已开通微信小程序，开通率为 80.65%。另外，登录 25 所智慧图书馆微信小程序服务平台，可以发现所提供的微服务内容比较丰富，还有不少智慧图书馆提供具有浓厚中国文化底蕴的微服务内容，对于提高文化自信具有很重要的意义。虽然我国智慧图书馆在"轻应用"背景下的微服务建设取得了一定的成果，但仍还存在以下一些不足。

（1）其他小程序受重视程度较低

通过分析 31 所省级智慧图书馆小程序服务平台开通情况，发现我国智慧图书馆普遍采用微信小程序服务平台、支付宝小程序服务平台以及 QQ 小程序服务平台来提供微服务。但这三种小程序服务平台的开通率相差较大，例如微信小程序的开通率高达80.65%，而支付宝小程序的开通率仅为38.71%，QQ 小程序的开通率更是低至6.45%，甚至有 4 所省级智慧图书馆三种小程序均未开通。综合来说，智慧图书馆对于小程序服务平台的开通应用情况差异较大，目前主要集中于微信小程序服务平台，对其他小程序的开通应用缺乏重视，没有意识到其他小程序服务平台对于提高微服务效率、提升微服务质量的重要性。

（2）服务内容缺乏创新性

根据对 25 所省级智慧图书馆微服务内容的网络调研，再加上对图书馆用户满意度调查情况，可以发现大多数智慧图书馆提供的微服务内容重复度较高，缺乏新颖性。例如在调研的 25 所省级智慧图书馆中，每日快听、主题书单、活动、打卡、党建好书领读、中国文艺志愿者在行动、短视频荐书、畅享电子书、有声书等活动最多，其中有 18 所省级智慧图书馆都提供了每日快听、主题书单、活动、打卡等微服务内容，有 15 所省级智慧图书馆都提供了党建好书领读等微服务内容。只有少量的省级智慧图书馆结合地区优势和特色馆藏资源提供了特色化的服务内容，如山西省图书馆提供的行走山西微服务内容、湖南省图书馆提供的湖湘广记微服务内容、西藏自治区图书馆提供的三生石说西藏微服务内容、新疆维吾尔自治区图书馆提供的游新疆、歌新疆、味新疆、听新疆等微服务内容。综合分析，目前我国智慧图书馆通过微信小程序服务平台提供的微服务内容有着极高的重复性，缺乏服务内容的创新。

（3）缺乏完善的微服务体系

根据所调研的情况来看，目前我国大多数省级智慧图书馆已开通了微信小程序服务平台，并且通过微信小程序服务平台提供了比较丰富的服务内容。但是通过深入分析可知，大多数省级智慧图书馆服务对象不够精细化，服务内容比较泛化，没有根据服务主体、服务对象、服务平台、服务内容之间的内在关系和外在关系构建一套行之有效的服务体系。在"轻应用"背景下，智慧图书馆面向服务对象所提供的微服务是以读者为中心，以互联网为载体，为使用无线网络传输移动终端设备的读者提供线上线下多样化、轻量化的信息资源服务，涉及智慧图书馆多个方面，而不是单纯依靠微信小程序服务平台来提供微服务，需要从全局出发，面面俱到，全面发展，做好科学规划和管理，构建合理的智慧图书馆微服务体系，促进面向公众微服务中各个要素共同持续发展，助力我国公共文化事业繁荣发展。

3.4　智慧图书馆微服务体系发展趋势

在"轻应用"发展背景下，用户的服务需求更加趋向于轻量化、便捷化、个性化等特征，微信小程序的出现正好可以很好地满足用户的这些服务需求。为此，智慧图书馆可以利用微信小程序来开展微服务工作。目前，我国已有不少的智慧图书馆开通了微信小程序服务平台，并提供了不少的微服务内容。但仍存在许多的发展问题，例如有些地区对智慧图书馆微信小程序的重视程度不够，在微服务内容上缺乏创新性。另外，智慧图书馆在通过微信小程序服务平台给用户提供微服务内容时，不仅涉及微信小程序服务平台的开发和维护，还涉及人力、物力、财力等方面的支持和保障，这样才能使"轻应用"背景下的智慧图书馆微服务工作有序开展。因此，在"轻应用"背景下，很有必要构建健全的智慧图书馆微服务体系，明晰各要素之间的关系以及体系的运行机制，并提出可行性的发展策略，为我国智慧图书馆微服务事业发展提供参考借鉴。

3.5　本章小结

本章针对"轻应用"背景下的智慧图书馆微服务现状进行了调研分析。首先通过网络调研法调查了智慧图书馆在小程序开通应用方面的情况,并以微信小程序服务平台为基础,对智慧图书馆提供的微服务内容进行了分析。其次采用问卷调查法,对智慧图书馆微服务用户满意度进行了实证调研。通过调研与分析,可以发现我国智慧图书馆在微服务实践方面还存在着诸多问题,包括小程序应用比较单一、服务内容缺乏创新性以及缺乏完善的微服务体系等。因此,很有必要构建健全的智慧图书馆微服务体系,以期促进我国智慧图书馆微服务事业的发展和繁荣。

第 4 章
"轻应用"背景下智慧图书馆
微服务体系要素分析

　　本章在系统梳理智慧图书馆微服务相关文献的基础上，从理论层面分析"轻应用"背景下智慧图书馆微服务体系层次结构，并梳理了各层次间的关系。进而采用访谈法加扎根理论质性研究方法，对实践层面的"轻应用"背景下智慧图书馆微服务体系组成要素进行分析，为后续的智慧图书馆微服务体系构建提供理论支撑，也是提出服务体系运行策略的基础。

4.1　循证图书馆研究设计

4.1.1　理论适用性分析

　　循证理论非常注重理论与实践之间的辩证关系，能够有效消除理论研究与实践研究之间的鸿沟，学者们运用循证理论对数字图书馆体系结构、图书馆学学科体系构建等体系框架问题进行了研究。循证图书馆理论是循证理论在图书馆领域的深入应用，当前，图书馆学、情报学领域依然存在理论研究成果与具体实践脱节的问题。本章应用循证图书馆理论，运用各类证据，分析"轻应用"背景下智慧图书馆微服务体系的组成要素，将已有理论研究成果和智慧图书馆具体实践情况相结合，弥补了理论研究和具体实践之间的差距，研究结果更加符合智慧图书馆工作实际。

4.1.2 研究过程设计

运用循证图书馆理论进行研究需要科学严谨的设计过程，选择合适的研究方法，体现理论与实践之间的辩证关系。在方法方面，学者们应用了结构访谈法、文献收集法、扎根理论质性研究等方法进行循证图书馆研究，取得了较好的效果。本书在借鉴学者们的基础上，综合应用文献分析和扎根理论质性研究方法进行循证研究，如图 4 - 1 所示。

本章以循证图书馆理论为研究基础，分别从理论层面和实践层面对"轻应用"背景下智慧图书馆微服务体系要素进行分析。首先在理论层面上，采用文献研究法，从智慧图书馆微服务代表性文献中提炼出体系层次结构，以期实现对体系构建的理论指导。其次在实践层面上，采用访谈法和扎根理论质性研究法，分析智慧图书馆微服务体系组成要素。

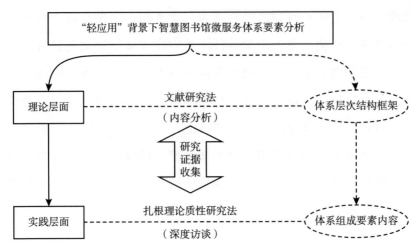

图 4 – 1　循证图书馆研究过程设计

4.2　理论层面体系层次要素分析

4.2.1　文献研究

本章采用文献研究法主要解决两个问题：第一个问题是"轻应用"背景下的智慧图书馆微服务体系层次结构具体有哪些？第二个问题是各层次结构之间存在着怎样的关系？为此，本章通过知网以及万方等学术平台，以智慧图书馆＋微服务/图书馆＋小程序为主题检索相关文献，然后按照以下原则筛选出代表性较高的文献：第一，排除非学术期刊类的研究文献；第二，排除研究对象不是智慧图书馆微服务的文献；第三，以期刊级别为南大核心或北大核心、文献发表时间、文献相关度、文献下载量、文献被引量等来确定代表性文献。经文献检索及筛选，截至 2022 年 10 月，共检索到相关文献 246 篇，其中代表性文献 59 篇。因此，本研究确定将这 59 篇代表性文献作为目标文献研究集。

对 59 篇代表性文献进行计量可视化分析，总体趋势如图 4 – 2 所示，关键词共线网络如图 4 – 3 所示。通过文献分析发现，在"轻应用"发展背景下，智慧图书馆微服务代表性研究成果自 2017 年增加较快，篇均下载量约 1118 次，可见学者们近几年对于智慧图书馆微服务与微信小程序间的相关研究关注度逐渐提高，研究相关关键词出现频率较高的包括智慧图书馆、微信小程序、移动服务、推送、平台、二维码、用户服务、用户体验、图书馆系统、服务架构、微信等。

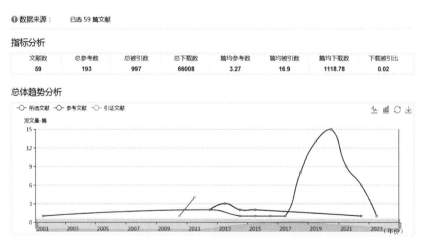

图 4 – 2　智慧图书馆微服务相关研究总体趋势分析

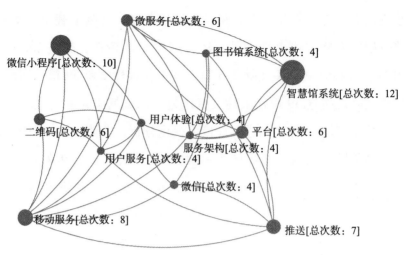

图4-3 智慧图书馆微服务相关研究关键词共线网络

对59篇目标文献研究集进行文献内容分析，整理提炼文献中出现的智慧图书馆微服务体系相关观点，结合上述关键词共线网络分析，以及学者们对于智慧图书馆服务体系与微信小程序的相关研究成果，得到"轻应用"背景下智慧图书馆微服务休系层次及内涵，如表4-1所示。

表4-1　　"轻应用"背景下智慧图书馆微服务体系层次

层次	观点概念描述	相关代表文献
目标层	关键词：智慧图书馆建设、轻量化服务建设等。"轻应用"背景下智慧图书馆微服务体系要注重发展轻量化服务，提高服务质量和服务效率，拓宽图书馆应用场景，促进图书馆系统更深度地融入互联网，推动我国智慧图书馆事业有序发展	田光林[13]、尹明章[61]、张毅[70]

续表

层次	观点概念描述	相关代表文献
技术层	关键词：服务技术、技术评价等。结合微信小程序服务平台，从智慧图书馆提供微服务所需要的数据信息挖掘技术、数据信息分析技术、微信小程序服务平台建设技术、交互技术等出发，提升微服务技术，以技术建设促进"轻应用"背景下智慧图书馆微服务体系建设	杨佳雨[11]、周玲元[17]、黄丽芳[71]
资源层	关键词：信息资源、大数据资源、人才资源、设备资源等。智慧图书馆在信息资源、大数据资源、人才资源以及设备资源等方面存在着提供微服务的优势，以资源建设推动"轻应用"背景下智慧图书馆微服务体系建设	杨群[17]、任萍萍[29]、杨新涯[104]
服务层	关键词：信息服务、个性化微服务、服务平台等。在"轻应用"背景下，智慧图书馆通过构建新一代的服务平台，以个性化服务、场景式服务、信息化服务以及特色服务等多项服务内容为切入点，向用户提供微服务，形成"轻应用"背景下的智慧图书馆微服务体系	陈和[63]、徐源[64]、黄悦深[68]、
需求层	关键词：用户需求、多元服务需求等。在"轻应用"背景下，用户需求向多元化、个性化、便捷化等方向发展，智慧图书馆以满足用户服务需求为目的，构建"轻应用"背景下的智慧图书馆微服务体系	张炜[7]、张书华[74]、阳玉堃[105]

4.2.2 体系层次结构要素框架

通过对上述文献的分析，可以得到"轻应用"背景下智慧图书馆微服务体系层次结构框架，如图 4-4 所示。

"轻应用"背景下智慧图书馆微服务体系框架主要包含五个层次，分别为目标层、技术层、服务层、资源层、需求层。在该服务体系框架中，各个层级之间相关影响，相互作用，共同推进

"轻应用"背景下智慧图书馆微服务体系发展。其中，目标层作为服务体系的顶层结构，包含了"轻应用"背景下智慧图书馆微服务体系建设目的，对整个体系建设起到方向引领作用。除此之外，目标层对技术层还有着推动作用，促进智慧图书馆微服务能力提升。相反技术层的提升也能更好地实现目标层"轻应用"背景下智慧图书馆微服务体系的建设目的；对于技术层而言，是在服务层、资源层、需求层三者的基础上形成的，而服务层、资源层、需求层三者又受到技术层的制约作用；服务层、资源层、需求层三个层级是"轻应用"背景下智慧图书馆微服务体系的基础结构要素，对整个服务体系的顶层建设起着不可或缺的重要作用。智慧图书馆微服务是在资源基础上提供服务满足用户需求的过程，用户需求推动着智慧图书馆的资源建设，拥有的资源又支撑着微服务的形成，微服务又满足用户的服务需求，这三个层次之间相互影响，形成一个闭环，与技术层和目标层共同构成"轻应用"背景下智慧图书馆微服务体系。

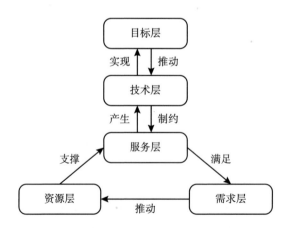

图 4-4 "轻应用"背景下智慧图书馆微服务体系层次结构要素框架

4.3　实践层面体系组成要素分析

4.3.1　研究步骤设计

本书采用扎根理论质性研究方法进行体系组成要素的分析，并构建"轻应用"背景下智慧图书馆微服务体系。扎根理论是为了解决当对研究数据无法进行定量分析，且研究倾向于描述的情况下，与量化研究方法相比，扎根理论研究方法则更适合那种具有描述性内容分析、建构概念涉及较多的理论研究。因此，本书选择扎根理论研究方法的主要原因有以下两点：一方面，本书研究的是构建"轻应用"背景下智慧图书馆微服务体系，研究所需要的资料均来自访谈，文本分析内容基本为描述性内容；另一方面，当下学术界虽然已有学者对智慧图书馆微服务展开了相关研究，但关于智慧图书馆微服务体系目前少有学者研究并给出清晰的理论框架和模型。因此，根据经验主义学派研究逻辑之一，在已有理论基础上或者建立新的理论框架时，通过分析研究选取的样本，最终对理论框架补充、验证或者修正，进而得出相应理论。所以，本书采用扎根理论质性研究方法是非常适用的。

根据前文对扎根理论质性研究方法的介绍，可知其研究过程大致分为六步：第一步确定研究问题；第二步进行资料的收集和整理；第三步对原始数据进行开放式编码；第四步进行主轴编码；第五步进行理论编码；第六步进行饱和度检验并形成理论。
本书严格按照扎根理论方法的研究步骤，从实践层面对"轻应
用"背景下智慧图书馆微服务体系的组成要素进行相关分析，研
究步骤具体内容如图4-5所示。

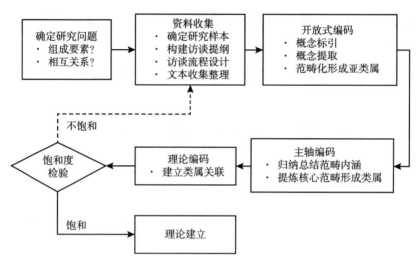

图4-5 "轻应用"背景下智慧图书馆微服务体系组成要素扎根研究过程

4.3.1.1 确定研究问题

在前文理论层面体系层次要素分析的结果中，资源层、服务
层和需求层是"轻应用"背景下智慧图书馆微服务体系的基础性
结构要素，也是智慧图书馆微服务过程的体现。从实践层面对
"轻应用"背景下智慧图书馆微服务体系组成要素的分析主要是
从服务过程中提炼，因此实践层面的研究主要解决的问题有以下
两个：一是，实践层面的"轻应用"背景下智慧图书馆微服务体
系的组成要素有哪些？二是，实践层面的这些微服务体系组成要

素之间存在着怎样的关系？

4.3.1.2 资料的收集和整理

首先应该确定研究样本，根据扎根理论研究方法的特点，选取的研究样本需要有代表性，因此本书在选取研究样本时，主要选择在小程序应用以及微服务建设方面具有一定实践经验的智慧图书馆为代表性研究样本。在具体的访谈对象方面，主要选取与"轻应用"背景下智慧图书馆微服务密切相关的群体，即智慧图书馆微服务的提供者。其次是设计访谈提纲，根据理论层面的体系层次结构框架并结合"轻应用"背景下智慧图书馆微服务发展的实际情况，确定访谈提纲的内容。最后进行文本的收集和整理，根据访谈提纲以及访谈对象确定访谈的具体流程，以期收集高质量的访谈内容，然后使用 Nvivo 软件对收集的文本资料进行整理，为后续的编码工作做好准备。

4.3.1.3 编码及饱和度检验

在文本资料整理完后，需要对收集到的原始资料进行编码，整个编码过程分为三步：第一步开放式编码；第二步主轴编码；第三步理论编码。在编码工作完成之后，得到要素之间的关系模型，此时需要利用预留的原始资料进行饱和度检验，如果没有产生新范畴和关系，则证明研究结果有效，理论模型成立。反之，则需要从资料收集阶段重新开始，补充资料进行研究直至饱和度检验通过，完成理论模型建立。

4.3.2　资料收集与整理

4.3.2.1　访谈对象选择

本章研究的问题为"轻应用"背景下智慧图书馆微服务体系要素分析，其研究主体为智慧图书馆，因此，为使获得的访谈结果更具代表性和实践价值，本次访谈对象需要选择在微服务建设方面有一定实践经验积累的智慧图书馆作为调研对象。根据调研要求和目的，本书将符合以下条件的智慧图书馆认定为在微服务建设方面具有一定的实践经验，可作为调研对象进行调研，具体条件如下：①有开发小程序服务平台向用户提供微服务内容；②图书馆的小程序服务平台应用率高；③图书馆通过小程序服务平台向用户提供的微服务内容形式多样，能够满足大部分用户多样化的服务需求；④图书馆对于小程序服务平台的运营和维护具有一定的资金支持、制度支持以及人才支持。

按照上述研究对象的选定条件，通过网络调研、资料查询等方法，综合考虑"轻应用"背景下智慧图书馆微服务建设的代表性，最终选定了 7 所在小程序服务平台以及微服务建设方面具有一定实践经验的省级智慧图书馆作为此次扎根理论研究对象，出于隐私保护，下文将用字母代码表示这 7 所省级智慧图书馆。从这 7 所省级智慧图书馆中选择访谈对象，一方面选择与小程序服务平台以及微服务建设有关的馆员作为访谈对象，另一方面选择这 7 所省级智慧图书馆的管理者为访谈对象。从受访意愿、受访对象身份契合程度等方面考量，最后确定 27 名受访者，对受访者的基本信息进行收集统计，最后统计结果如表 4 - 2 所示。这27 名受访者包括智慧图书馆管理者 7 人、馆员 20 人，其中，博士学历 6 人、硕士学历 13 人、本科学历 8 人。

表 4 - 2　　　　　　　　　受访者基本信息统计

基础变量	具体指标	人数	所占比例（％）
性别	男	17	62.96
	女	10	37.04
学历	博士	6	22.22
	硕士	13	48.15
	本科	8	29.63
身份	管理者	7	25.93
	馆员	20	74.07
所属图书馆	A 省级智慧图书馆	5	18.52
	B 省级智慧图书馆	4	14.81
	C 省级智慧图书馆	3	11.11
	D 省级智慧图书馆	5	18.52
	E 省级智慧图书馆	3	11.11
	F 省级智慧图书馆	5	18.52
	G 省级智慧图书馆	2	7.41

4.3.2.2　资料收集与整理

为高效准确地收集访谈资料，本次研究将分成访谈提纲设计、开展访谈以及资料整理三步来实施，具体工作内容如下。

（1）访谈提纲设计

本次研究的访谈提纲是在进行大量文献研究、访问大量省级智慧图书馆小程序服务平台并咨询了相关领域专家的基础上设计的，各问题之间层层递进，以保障访谈内容可以充分反映智慧图书馆在"轻应用"小程序环境下的微服务实践情况。在正式访谈之前，选择了其中一所省级智慧图书馆进行预采访工作，目的是对本研究的访谈提纲进行测试，确保访谈问题的正确性、可理解性以及访谈数据的可获取性。通过对这所省级智慧图书馆管理者和馆员的访谈，根据访谈过程和获得资料的可用性，最后确定了本研究的访谈提纲，共包括 5 个问题，具体内容如下：

①您觉得智慧图书馆应用小程序服务平台向用户提供微服务需要哪些资源基础？

②您觉得这些资源基础中，哪些是智慧图书馆通过小程序服务平台向用户提供微服务的核心优势资源？

③您觉得智慧图书馆的这些资源基础可以延伸出哪些微服务内容？

④您认为这些微服务内容可以满足用户哪些需求？

⑤除了上述观点外，您对智慧图书馆应用小程序服务平台向用户提供微服务还有哪些看法？

（2）开展访谈

本次访谈过程中所采用的访谈形式、访谈时间都依据受访者的实际情况而定，其中访谈形式主要包括面对面访谈、电话访谈以及网络视频访谈三种，访谈时间总体控制在 30 分钟左右。在正式访谈开始前，为了减少受访者由于对本次研究相关概念的认知限制而导致出现无意义的访谈结果，将会概况性地询问受访者对"小程序""智慧图书馆微服务"等相关概念的了解程度，并对其中存在认知局限的受访者给予相关概念的解释和说明，以保证后续访谈的顺利展开。在整个访谈过程中，按照已设计的访谈提纲循序渐进地采访对方，准确把握受访者对所问问题的真实见解，深入挖掘各个问题之间潜在的关联因素。与此同时，掌握好整场访谈节奏，及时记录重要信息，直至访谈结束。

（3）资料整理

在访谈结束之后，首先，对已收集到的 27 份文本资料、语音资料以及录音资料整理归档，标注好对应的受访者姓名，并保存于对应的文件夹中。其次，对各文档中的内容进行单条同化整理，将同一问题的不同答案进行归纳，剔除表述不清、无价值的语句。再次，对初步整理后的原始资料进行编码，利用软件对原始语句开放式编码、主轴编码和选择性编码，不断概括和提炼概念，形成所属范畴。最后，总结核心影响因素，通过分析其内在机理将原始资料升华形成理论模型。

4.3.3 扎根理论编码分析

为了对原始文本资料进行更深刻的分析，运用 Nvivo11 作为质性研究的分析工具，以此梳理编码的具体逻辑，并以可视化的形式呈现最终的分析结果。在具体的分析过程中，首先导入访谈转换的原始文本资料，针对这些文本资料借助 Nvivo11 质性分析工具对访谈对象的原始语句进行全面的分析，试图挖掘出访谈过程中的全部信息，其次对所获取信息进行分类、标注等分析，最后对分类结果进行进一步概况与提炼，逐步获得所需的三级编码。

4.3.3.1　开放式编码

开放式编码是指在仔细阅读访谈获取的原始文本资料的基础上，针对原始文本资料中可以被标签化的内容给予初步的概念或者标签，它是对丰富零散的原始文本资料进行抽象概括所获取的概念清单。在开放式编码的过程中，导入了多份用以分析的原始文本资料，后续原始文本资料的概念化不应受到前面标签的影响，应不受拘束地创建新的标签或者适当改变原来的编码。在整个访谈获取的全部文本资料的基础上，利用 Nvivo11 软件进行开放式编码，通过开放式编码最终获取了 65 个初始概念，将这些概念范畴化后最终获得 19 个基本范畴，具体的编码结果如表 4 - 3 所示。

表 4 - 3　　　　　　　　　　　开放式编码结果

基本范畴	初始概念
B1 数据采集设备	A1 可穿戴设备、A2 监控设备、A3 物联网 RFID 传感器
B2 人工智能设备	A4 智能机器人、A5 人脸识别设备、A6 智能立体书架、A7 智能终端设备
B3 基础设施设备	A8 计算机设备、A9 自助借还机、A10 网络设备、A11 打印机
B4 特色资源数据库	A12 自建特色资源数据库、A13 智库成果
B5 基础资源数据库	A14 中外文电子文献、A15 馆藏书籍
B6 信息技术人才	A16 平台搭建人员、A17 平台维护人员
B7 管理运营人员	A18 宣传推广人员、A19 咨询应答人员、A20 管理人员
B8 智慧馆员	A21 学科型馆员、A22 微服务领域研究员
B9 技术支撑	A235G 通信技术、A24 多维技术、A25 数据仓储技术、A26 大数据分析技术、A27 虚拟仿真技术

续表

基本范畴	初始概念
B10 制度建设	A28 制度建设、A29 监督制度、A30 管理制度、A31 发展规划、A32 服务标准规范
B11 社会环境基础	A33 图书馆联盟、A34 相关政策
B12 保障机制	A35 资金投入、A36 用户信息保护
B13 小程序服务平台	A37 传输感知层、A38 数据处理层、A39 数据存储层、A40 微服务层、A41 用户交互层
B14 线上服务	A42 虚拟馆舍展览服务、A43 电子文献服务、A443d 图书资源展示、A45 特色服务、A46 多平台链接服务、A47 资源共享服务、A48 用户交流社区
B15 线上线下融合服务	A49 智能机器人导航、A50 场景式服务、A51 座位预约服务、A52 一键式应急服务、A53 一键式借阅服务
B16 专快轻的服务需求	A54 便捷化服务需求、A55 快速获取性服务需求、A56 轻量化服务需求
B17 信息资源服务需求	A57 资源获取需求、A58 数据管理需求、A59 信息查询需求
B18 知识空间服务需求	A60 社交互动需求、A61 多源数据需求、A62 虚拟空间需求
B19 个性化产品服务需求	A63 针对性需求、A64 决策性服务需求、A65 创新发展需求

4.3.3.2 主轴编码

当开放式编码完成后,对初始编码得到的初始范畴进行重新组合,不断缩小、聚焦分析内容的意义单位,形成更具指向性的类属,根据类属概念和范畴之间的各种关系形成具有一定意义的主体,即为主轴编码过程。在获取开放式编码的基础上,通过对初始概念的审视,逐步建立各范畴之间的有机联系。在此阶段,通过对开放式编码所获得的 19 个基本范畴进行反复的推敲斟酌,最后得出物质资源、人力资源、组织资源、微服务平台架构、微

服务内容以及用户服务需求这6个主范畴。编码过程如下：发现
"数据采集设备""人工智能设备""基础设施设备""特色资源
数据库""基础资源数据库"都是智慧图书馆通过小程序服务平
台提供微服务的物资基础条件，因此将这5个基本范畴归纳为
"物资资源"。发现"信息技术人才""管理运营人员""智慧馆
员"都是智慧图书馆开展微服务建设和小程序服务平台搭建的人
才支撑，因此将这3个基本范畴归纳为"人力资源"。发现"技
术支持""制度建设""社会环境基础""保障机制"都隶属于智
慧图书馆组织方面的内容，因此将这4个基本范畴归纳为"组织
资源"。发现"小程序服务平台"是智慧图书馆提供微服务的基
础，其整个平台的搭建以及内部架构对图书馆微服务的呈现至关
重要，因此将其归纳为"微服务平台架构"。发现"线上服务"
"线上线下融合服务"构成了智慧图书馆微服务的所有内容，因
此将这2个基本范畴归纳为"微服务内容"。发现"专快轻的服
务需求""信息资源服务需求""知识空间服务需求""个性化产
品服务需求"都属于用户在"轻应用"背景下想从智慧图书馆
获取的服务需求，因此将这4个基本范畴归纳为"用户服务需
求"，具体的主轴编码结果如表4-4所示。

表4-4　　　　　　　　　主轴编码结果

主范畴	基本范畴	范畴内涵
C1 物质资源	B1 数据采集设备	获取用户相关数据，便于小程序服务平台通过数据分析为用户构建用户画像，提供精准的微服务内容

续表

主范畴	基本范畴	范畴内涵
C1 物质资源	B2 人工智能设备	智能化的设施设备等
	B3 基础设施设备	计算机设施、网络设备等
	B4 特色资源数据库	自建的特色资源数据库等
	B5 基础资源数据库	通过购买的方式从数据商获得的中外文资源等
C2 人力资源	B6 信息技术人才	小程序服务平台搭建和维护人才
	B7 管理运营人员	小程序服务平台管理和运营人员
	B8 智慧馆员	具备较高素质和服务能力的图书馆馆员
C3 组织资源	B9 技术支持	大数据分析技术、虚拟仿真技术等
	B10 制度建设	监督管理制度、服务标准规范等
	B11 社会环境基础	政策法规、方针政策等外部环境
	B12 保障机制	相关资金投入保障服务有序开展
C4 微服务平台架构	B13 小程序服务平台	小程序服务平台的多层次结构
C5 微服务内容	B14 线上服务	随时随地即可通过小程序服务平台获取的服务
	B15 线上线下融合服务	可以通过线上申请，然后线下进行服务体验
C6 用户服务需求	B16 专快轻的服务需求	便捷化的服务需求
	B17 信息资源服务需求	信息资源获取的服务需求
	B18 知识空间服务需求	社交互动相关的服务需求
	B19 个性化产品服务需求	个性化的服务需求

4.3.3.3　选择性编码

第三阶段为选择性编码过程，该过程主要是确定并建立一个核心范畴，围绕着这一核心类属寻找主范畴间的相关关系，然后以"故事线"的描述方式把核心范畴与和主范畴进行联结，最终根据它们之间的关系构建出整个"轻应用"背景下智慧图书馆微服务体系，以及服务体系所有要素的关系联结和实现智慧图书馆微服务的行为过程的揭示。本研究将"轻应用"背景下智慧图书馆微服务体系（表4-5中简称微服务体系）确立为核心范畴，为故事线主轴，具体各范畴间的关系如表4-5所示。

表4-5　　　　　　　　选择性编码关系结构

典型关系	关系结构	关系结构内涵
物质资源→微服务体系	内在驱动关系	物质资源是智慧图书馆提供微服务的基础条件，是智慧图书馆微服务体系的内在驱动
人力资源→微服务体系	直接驱动关系	人力资源是智慧图书馆微服务的核心，直接驱动了微服务体系的建设
组织资源→微服务体系	间接驱动关系	组织资源间接促进了智慧图书馆微服务体系的建设
用户服务需求→微服务体系	外在驱动关系	用户需求是智慧图书馆微服务体系建设的外在驱动
微服务平台架构→微服务体系	表现关系	微服务平台架构是智慧图书馆微服务体系的一个表现
人力资源→物资资源	双向关系	人力资源对物质资源的积累和利用产生影响，然后物质资源又影响制约人力资源的发展
人力资源→组织资源	双向关系	人力资源对组织资源的建立和完善产生影响，然后组织资源又影响制约人力资源的发展
微服务平台架构→微服务内容	因果关系	智慧图书馆通过搭建轻应用微服务平台向用户提供微服务内容

4.3.4 体系组成要素关系模型构建与饱和度检验

4.3.4.1 体系组成要素关系模型构建

根据前文编码分析发现,"轻应用"背景下智慧图书馆微服务体系实践层面包括人力资源、物质资源、组织资源、微服务平台架构、微服务内容以及用户服务需求,其中:人力资源包括信息技术人才、管理运营人员以及智慧馆员三个组成要素,物质资源包括数据采集设备、人工智能设备、基础设施设备、特色资源数据库以及基础资源数据库五个组成要素,组织资源包括技术支撑、制度建设、社会环境基础以及保障机制四个组成要素,微服务平台架构包括小程序服务平台一个组成要素,微服务内容包括线上服务和线上线下融合服务两个组成要素,用户服务需求包括专快轻的服务需求、信息资源服务需求、知识空间服务需求以及个性化产品服务需求四个组成要素。人力资源、物质资源、组织资源以及用户服务需求驱动着"轻应用"背景下智慧图书馆微服务体系的建设,人力资源、物质资源、组织资源三者之间又具有相互影响的作用,共同发展。另外,微服务平台架构和微服务内容作为服务层的组成要素,是智慧图书馆微服务体系的实践表现。这六大要素共同组成"轻应用"背景下智慧图书馆微服务体系实践层,相互作用,推动"轻应用"背景下整个智慧图书馆微服务体系的建设与发展。基于上述关系,构建出"轻应用"背景下智慧图书馆微服务体系实践层面组成要素关系模型,如图 4-6 所示。

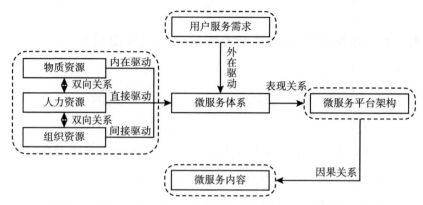

图4-6 "轻应用"背景下智慧图书馆微服务体系要素关系模型

4.3.4.2 饱和度检验

　　饱和度检验用于检查范畴归纳是否全面、饱和，即使资料增加也无法继续归纳出新的范畴与关系。在研究过程中，针对所获取的19个基本范畴和6个主范畴进行反复论证检验，以确保模型饱和。此外，在研究初期随机抽样选取原始文本资料，通过对预留的3份访谈原始文本进行编码分析，通过检验分析发现预留的3份访谈原始文本资料中所含的概念已经体现，即没有新的概念提出，此种情况证明本研究基本达到了饱和，理论模型构建成立。

4.3.5 讨论分析

　　本书从智慧图书馆微服务实践出发，运用扎根理论质性研究方法对实践层面的智慧图书馆微服务体系组成要素进行了分析，通过访谈提纲及访谈流程的设计，保障研究的科学性和系统性。

通过对深度访谈内容的深度挖掘分析，提炼出包含资源层、服务层、需求层三个方面，6 个核心范畴、19 个基本范畴、65 个初始概念的关系模型。

①6 个核心范畴：C1 物质资源、C2 人力资源、C3 组织资源、C4 微服务平台架构、C5 微服务内容、C6 用户服务需求。

②19 个基本范畴：B1 数据采集设备、B2 人工智能设备、B3 基础设施设备、B4 特色资源数据库、B5 基础资源数据库、B6 信息技术人才、B7 管理运营人员、B8 智慧馆员、B9 技术支持、B10 制度建设、B11 社会环境基础、B12 保障机制、B13 轻应用服务平台、B14 线上服务、B15 线上线下融合服务、B16 专快轻的服务需求、B17 信息资源服务需求、B18 知识空间服务需求、B19 个性化产品服务需求。

③65 个初始概念：A1 可穿戴设备、A2 监控设备、A3 物联网 RFID 传感器、A4 智能机器人、A5 人脸识别设备、A6 智能立体书架、A7 智能终端设备、A8 计算机设备、A9 自助借还机、A10 网络设备、A11 打印机、A12 自建特色资源数据库、A13 智库成果、A14 中外文电子文献、A15 馆藏书籍、A16 平台搭建人员、A17 平台维护人员、A18 宣传推广人员、A19 咨询应答人员、A20 管理人员、A21 学科型馆员、A22 微服务领域研究员、A23 5G 通信技术、A24 多维技术、A25 数据仓储技术、A26 大数据分析技术、A27 虚拟仿真技术、A28 相关制度建设、A29 监督制度、A30 管理制度、A31 发展规划、A32 服务标准规范、A33 图书馆联盟、A34 相关政策、A35 资金投入、A36 用户信息保护、A37 传输感知层、A38 数据处理层、A39 数据存储层、A40

微服务层、A41 用户交互层、A42 虚拟馆舍展览服务、A43 电子文献服务、A44 3D 图书资源展示、A45 特色服务、A46 多平台链接服务、A47 资源共享服务、A48 用户交流社区、A49 智能机器人导航、A50 场景式服务、A51 座位预约服务、A52 一键式应急服务、A53 一键式借阅服务、A54 便捷化服务需求、A55 快速获取性服务需求、A56 轻量化服务需求、A57 资源获取需求、A58 数据管理需求、A59 信息查询需求、A60 社交互动需求、A61 多源数据需求、A62 虚拟空间需求、A63 针对性需求、A64 决策性服务需求、A65 创新发展需求。

从资源层面分析，智慧图书馆充分利用各类资源。依据资源基础理论，组织的发展需要不断整合资源以适应变化的环境，智慧图书馆微服务要注重调动、整合各类资源，发挥资源合力。人力资源、物资资源、组织资源分别是"轻应用"背景下智慧图书馆微服务的直接驱动力、内在驱动力和间接驱动力，三者缺一不可。智慧图书馆可以发挥资源优势、弥补资源劣势，共同作用推动"轻应用"发展背景下的智慧图书馆微服务发展。

从服务层面分析，智慧图书馆注重提供多种形式的微服务。在"轻应用"发展背景下，智慧图书馆通过搭建小程序服务平台来提供微服务，其不仅提供线上的服务内容，而且能够极大地提高用户对线下服务内容的满意度。智慧图书馆通过小程序服务平台，可以帮助用户简化获取线下服务需求的烦琐流程，例如，线上预约借书，线下直接取书即可；线上预约座位，线下直接入座即可。正是由于小程序服务平台无须下载、即搜即用的特点，可以很好地将线下服务与线上服务深度融合起来，极大地提高了用户对服务内容的满意感。

从需求层面分析，用户的服务需求更倾向于专、快、轻的服务。在互联网进入下半场，用户对于服务质量的要求越来越高，希望获得更精准化的服务。加上信息社会的快速发展，用户需求与时俱进，因此更希望获取丰富的信息服务，以满足社会对自身的要求。正是在这种背景下，智慧图书馆正在经历由资源驱动向服务驱动的变革，满足用户需求是服务产生的基础，也是服务产生的目标，智慧图书馆需要主动获取用户需求，增强主动服务意识。

4.4　本章小结

本章基于循证图书馆理论进行研究设计，通过理论层面的体系层次结构要素分析和实践层面的体系组成要素分析两者的结合，对 "轻应用" 背景下智慧图书馆微服务体系要素进行系统深入分析，实现从理论层面指导体系框架构建，从实践层面完成体系要素内容分析，为后续章节 "轻应用" 背景下智慧图书馆微服务体系建设等提供理论基础。其主要完成的工作内容如下。

（1）理论层面

通过对智慧图书馆微服务相关代表性的目标文献集进行内容分析，结合关键词共线网络分析，以及学者们对于智慧图书馆服务体系的相关研究成果，提炼出包含目标层、技术层、资源层、服务层以及需求层在内的智慧图书微服务体系层次结构要素框架，并对各层次的观点概念进行描述，对各层次间的关系进行了分析，确立了"轻应用"背景下智慧图书馆微服务体系层次结构要素框架。

（2）实践层面

对"轻应用"背景下智慧图书馆微服务体系的组成要素内容进行了分析，通过网络调研结合深度访谈的方式，严谨细致地运用扎根理论质性研究方法选择研究对象、设计访谈提纲、收集整理文本、编码分析，提炼出包含 6 个核心范畴、19 个基本范畴、65 个初始概念的关系模型。

第 5 章
"轻应用"背景下智慧图书馆
微服务体系构建

通过第 4 章的循证图书馆研究和扎根理论研究，分别得出了
"轻应用"背景下智慧图书馆微服务体系理论层面的层次要素和
实践层面的组成要素，为本章服务体系的构建打下了坚实的基
础。因此，本章基于上述章节的研究成果，从体系构建目的、构
建原则以及构建思路出发，进行"轻应用"背景下智慧图书馆微
服务体系构建研究。

5.1 智慧图书馆微服务体系构建基础

5.1.1 构建目的

我国智慧图书馆微服务研究还处于探索阶段，尚未构建适用

于"轻应用"背景下的智慧图书馆微服务体系。构建"轻应用"背景下智慧图书馆微服务体系，有助于充分利用各类资源，提高智慧图书馆移动服务水平。

（1）提高智慧图书馆移动服务性价比

传统 App 具有高投入、高开发门槛的特征，对于国内的中小型公共图书馆以及高校图书馆而言不具有普适性。但是小程序的出现，为苦于高投入、高开发门槛的图书馆带来了更具性价比的移动服务实现方案。其具体优势体现在以下三个方面。一是低成本。小程序开发维护简单，没有跨平台成本，开通完全免费，具有云同步服务功能，这对于图书馆来说，可以有效地降低其小程序服务平台开发和维护的成本。二是开发技术门槛低。开发者只需具备基本的计算机操作知识和网络知识，即可使用小程序开放平台提供的辅助开发工具轻松建站。三是全平台支持。小程序直接运行于超级 App 之上，这样直接规避了跨平台、跨运营商使用带来的技术难题。

（2）丰富智慧图书馆移动服务形式

目前我国图书馆普遍采用 Native App 来提供移动端信息服务，然而国外图书馆已经综合应用 Native App、Hybrid App 和 Web App，给读者提供了多种移动端信息服务方式。相较于国外，国内图书馆提供的移动信息服务内容单一，缺乏个性化和创造性。小程序兼具了 Native App 和 Web App 的优点，能够非常简单地被用户检索和使用，给读者带来与 Native App 相媲美的用户体验。因此，小程序服务模式可以很好地弥补 Native App 在图书馆移动服务应用中的不足，极大地丰富了各类图书馆的移动服务形式。

（3）优化智慧图书馆移动用户体验

优质的用户体验一直是所有应用开发者追求的核心目标，也是衡量移动信息服务效果的首要标准。小程序对于移动用户体验的优化主要体现在以下两个方面：第一个方面是小程序无须下载，即搜即用，对苦于手机内存有限但又想体验图书馆移动服务的用户来说是一个福音，他们无须下载对应的移动手机端 App，只需打开超级 App 检索即可进入各个图书馆的小程序；第二个方面是小程序的整体风格简洁优美，能够很好地适配手机移动端窗口，给用户带来极致的视觉体验。同时，小程序还可以跨平台使用，具备云同步服务功能，使用户免受移动设备及操作系统差异带来的困扰。

（4）满足用户"专、快、轻"的移动服务需求

在如今泛在化的学习环境下，用户的需求日益多样化，这使图书馆的移动服务面临着非常严峻的考验和更高的要求。用户不但想要获得图书馆移动信息服务，更渴望能够获得优质的服务体验。小程序以无须下载、即搜即用，无平台和操作系统束缚，能够有针对性地开发用户个性化需求等特性，很好地契合了用户"专、快、轻"的移动服务需求，担负起了图书馆新型移动服务形式的使命。

5.1.2　构建原则

"轻应用"背景下智慧图书馆微服务体系构建应遵循一定原

则，保障体系构建科学合理、符合实际情况，以便具有一定的指导意义。

（1）普适性原则

智慧图书馆微服务体系的构建应该具有一定的适用性，各个智慧图书馆可以根据自身实际情况灵活应用，在体系框架指导范围内寻求自身发展路径。智慧图书馆微服务是立足为用户提供便捷化的服务，并在此基础上提供创新性的服务，每个智慧图书馆的微服务内容不应千篇一律，而是要结合本馆的人力资源、物资资源、组织资源等来开展微服务内容，这就需要兼顾重点与特色，构建通用性的服务体系，从而提高服务体系的使用价值。

（2）前瞻性原则

智慧图书馆微服务体系的构建既要反映当前智慧图书馆微服务水平，也要反映智慧图书馆微服务的发展方向。智慧图书馆微服务是在传统服务基础之上，对信息资源、人力资源能力进行整合，挖掘服务潜能、创新服务内容和服务方式提供的新型服务。体系的构建要具有前瞻性指导意义，能够满足智慧图书馆微服务不断深化的现实需求。体系构建要遵循大数据背景和信息服务转化升级的客观规律，反映智慧图书馆微服务的发展规律。

（3）经济性原则

依靠新型智能技术来降低服务成本，向来是图书馆这类公益性服务机构立志所追求的目标。但对于中小型公共图书馆和高校图书馆而言，高额的经费投入一直是它们开展移动服务路上的拦路虎，因此经济性的服务方式一直是它们所探寻的。基于"轻应用"的小程序，有着开发简单、低成本的特点，将小程序应用于智慧图书馆微服务体系构建,在某种程度上可以极大地减少服务成本,实现图书馆所追求的经济性目标。

(4)便捷性原则

在"十四五"规划中,明确提出要"提供智慧便捷的公共服务"。一直以来,图书馆致力于给读者提供便捷化的服务。基于"轻应用"的小程序,无须下载、即搜即用、用完即走,不需要花费时间和成本去升级和更新软件,能够将用户从烦琐的应用下载以及升级步骤中解脱出来。除此之外,小程序还具有网页应用的可移植性强、跨平台使用等特性,能够以更简洁的方式给用户提供不逊于本地应用和网页应用的特性,更好地满足用户对服务创新提出的高要求、高标准。

(5)深度融合性原则

小程序是以超级 App 为基础,迭加 HTML5 云端技术而成。因此,在内在结构上和网页应用相似,可以实现跨平台使用,这表明用户可以在不同的超级 App 开放平台上进入相同的小程序获取服务。由于小程序可以跨平台使用,各个超级 App 可以将获取的用户相关信息进行交互融合,然后传输给小程序服务平台。因此,智慧图书馆小程序服务平台可以根据用户信息,构建每位用户的画像,精准获取用户需求,以实现满足用户个性化服务需求的目标。

5.1.3　构建思路

本章在前文体系要素分析的基础上,构建"轻应用"背景下智慧图书馆微服务体系。根据理论层面的体系层次要素分析和实践层面的体系组成要素分析，确定从目标层、技术层、资源层、服务层和需求层五个层次来构建智慧图书馆微服务体系。

其中，资源层、服务层和需求层三个层次共同构成实践层。在资源层中，结合当前智慧图书馆的实践情况，针对"轻应用"背景下智慧图书馆微服务实践现状和存在的问题，通过搭建智慧图书馆微服务中心组织架构，建立具有多样化专业背景的专业微服务团队，在微服务中发挥统筹规划的主体作用；通过物质资源的整合和集成，为微服务的加工、存储和传播提供基础条件；通过机制完善和技术支持，为微服务的加工、存储和传播提供可靠保障。在服务层中，通过建设小程序服务平台，打通线上和线下服务，实现微服务的精准化推送，最终构建以用户需求为中心的智慧图书馆微服务体系，体系内各要素相互联系，共同作用，满足不同用户多元化的微服务需求，提升智慧图书馆的服务水平。

5.2　智慧图书馆微服务中心组织架构

组织架构是组织内部的组成方式，涉及组织中不同部门、职位和人员之间的关系、分工和协调，良好的组织架构是实现微服务成功的基础。在"轻应用"背景下智慧图书馆微服务中心组织架构搭建中，主要涉及微服务专业团队、其他工作人员以及智慧图书馆用户。

智慧图书馆微服务中心组织架构是"轻应用"背景下智慧图书馆微服务体系的建设主体，如图 5 - 1 所示。这个组织架构以

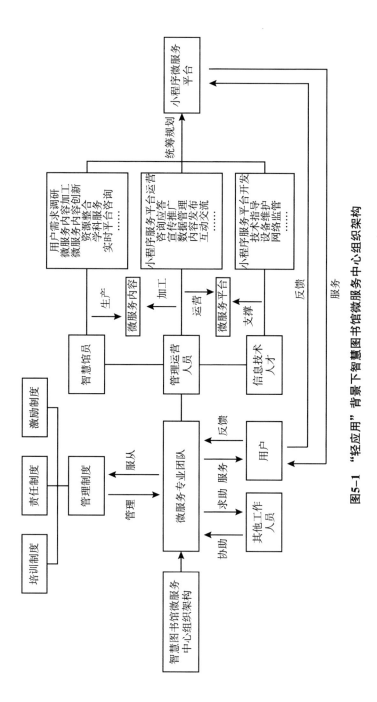

图5-1 "轻应用"背景下智慧图书馆微服务中心组织架构

组建微服务专业团队为核心，团队成员主要由智慧馆员、管理运营人员以及信息技术人才等专业人员共同组成，负责微服务开展过程中各环节的工作。另外，微服务专业团队人员可以和智慧图书馆其他部门的工作人员相互协作和调动，也可以与用户进行互动交流，获取反馈信息。通过建立培训制度、责任制度以及激励制度，考评和约束微服务专业团队人员的工作。

建立微服务专业团队，目的是在微服务开展的全过程中发挥统筹规划和领导作用。对微服务专业团队成员进行专业选拔和培训，确保微服务团队成员专业背景的多样化，符合"轻应用"背景下智慧图书馆微服务工作开展的要求。同时，微服务专业团队成员并不是固定不变的，要根据微服务实际发展情况，适时进行团队成员的调整，以更好地适应微服务工作发展的要求。

在微服务专业团队组建方面，信息技术人才主要承担小程序服务平台的开发与维护、人工智能设备和基础设施设备的维护、网络监管技术的支持以及协助其他馆员进行平台服务的工作。在小程序服务平台建设方面，信息技术人才首先应掌握前端小程序设计和后端 API 接口设计，同时还应掌握大数据分析技术、数据仓储技术、可视化分析技术、标签分类技术以及数据库开发等计算机技术，把小程序服务平台上的内容从"资源堆积"变成"微服务管理与共享"，利用标签分类等计算机技术把微服务内容主题进行精准分类，降低用户获取微服务的难度，提高智慧图书馆微服务的使用效率。管理运营人员主要承担小程序服务平台的运营、微服务内容的组织与发布、大数据的管理、与用户进行互动交流等工作。小程序服务平台的管理运营人员需要具备良好的感知能力，详细了解小程序服务平台的各项功能和微服务内容，以保证能够利用小程序服务平台给用户提供个性化的微服务内容。同时，管理运营人员还应合理设置小程序服务平台的账号信息，如简介、名称等信息，并要保持微服务内容更新的及时性、统一性和稳定性，实现持续运营服务的效果，塑造智慧图书馆权威性的品牌形象。另外，管理运营人员还应通过各种形式对微服务内容进行编辑、加工和发布，建立微服务效果评价指标体系，收集和统计用户使用数据。对于智慧馆员而言，主要承担以下两方面的工作内容。第一，承担与用户相关的服务工作，收集和分析用户信息数据和行为数据，建立用户信息库，同时协助管理运营人员与信息技术人才开展各项工作。在用户管理上，智慧馆员应该从用户群体特点的角度分析、规划服务内容和制订服务计划，并根据用户行为数据分析进行一定调整。第二，承担微服务资源的整合、优化配置等工作，在内容生产环节起着至关重要的作用。智慧馆员要建立包括特色资源数据、基础资源数据等资源在内的微服务资源库，管理微服务资源，对不同类型的微服务内容进行分类和汇总。同时，智慧馆员还可以对微服务资源进行创作和加工，以此提供高质量的微服务内容。在微服务专业团队中，不同身份的图书馆员分工明确、相互配合，共同促进"轻应用"背景下智慧图书馆微服务工作的有序开展。

在微服务专业团队的管理制度上，智慧图书馆应结合自身实际情况，采取科学合理的管理方法进行人员管理。例如，制定馆员培训制度，定期组织馆员进行培训，包括微服务的业务知识和技能培训，这样不仅能够提升馆员的素质，也能够促进图书馆微服务工作的开展。制定一套完整的工作分工责任制度，细分每个岗位的工作内容，将责任落实到团队及个人身上，这样既能保证分工的清晰性，也能够方便后期的工作监督和检查。可以根据不同岗位的不同职责，建立健全员工激励制度，通过制定相应的考核指标和评分标准，进行绩效评估和奖惩，有效地激发馆员们的工作热情。

最后，微服务专业团队应适时地与用户进行互动沟通、合作、服务，并根据用户需求不断调整小程序服务平台和微服务内容。微服务建设专业团队在资源获取、平台建设、设备调动等各个环节都可能需要其他部门人员的协助。因此，馆内各部门间应加强协作和沟通，相互监督，不仅要分工明确，还要保持应有的联系，结合实际情况及时调整工作状态。

5.3 智慧图书馆资源整合与机制完善

资源整合是按照一定的标准规范和相关原则，对各类资源进行系统整理和有机结合，形成规模更大、效能更高的资源集合体，并通过统一规范的数据存取方法，为各类用户提供资源服务。机制完善对于提高智慧图书馆的工作效率、促进智慧图书馆微服务工作的顺利开展、确保智慧图书馆微服务中心的科学有效运行等方面具有重要的意义。

资源整合与机制完善是"轻应用"背景下智慧图书馆微服务体系的建设基础，如图 5 - 2 所示。其中，资源整合包括物质资源

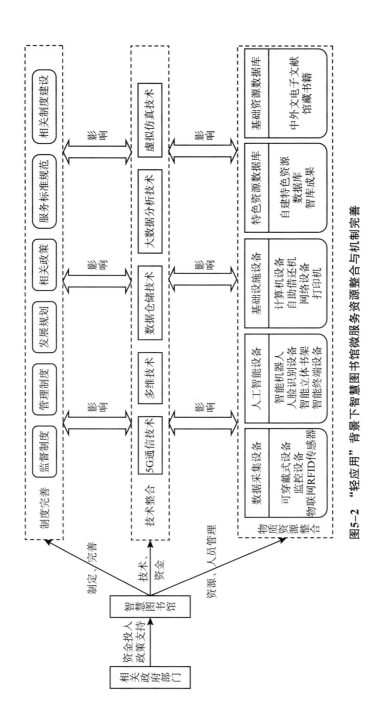

图5-2 "轻应用"背景下智慧图书馆微服务资源整合与机制完善

整合和技术整合，各项技术为智慧图书馆微服务开展所需设备和数据库提供支撑作用，确保设备和数据库有效运行，通过制度的不断完善来支持和保障智慧图书馆微服务工作的顺利开展。另外，相关政府部门应该制定相关政策，给予智慧图书馆政策支持，并投入一定资金和引入社会资本，支持智慧图书馆微服务建设工作。智慧图书馆应充分发挥主体作用，整合各项资源，合理利用新型技术，发挥出馆藏资源最大的效用，为用户提供优质的微服务内容。

在资源整合中，物质资源主要包括数据采集设备、人工智能设备、基础设施设备、特色资源数据库以及基础资源数据库，各项物质资源在智慧图书馆微服务建设工作中发挥着不同的作用。对于数据采集设备，可用于获取用户行为数据和信息数据，例如可穿戴式设备可以获取用户的阅读习惯、阅读偏好、阅读行为等数据，便于后期小程序服务平台给用户精准化推送微服务内容。对于人工智能设备，能够有效地打通线上和线下服务，为用户提供更加智能化的服务内容，例如人脸识别设备可以直接扫描用户脸部信息，获取用户借阅、入馆时长等信息，实现一键式图书馆借还服务。另外，智能机器人可以为用户提供更多场景式服务，带来更加贴心周到的微服务内容。对于基础设施设备，这些是属于图书馆必备的，能够满足用户常规的服务需求，如果缺乏这些基础设备将极大地影响用户的满意度，因此，智慧图书馆应保障基础设施的完善。根据 Kano 原理，在基础服务得到满足的基础上，具有特色化的服务内容会极大地提高用户的满意度，因此，智慧图书馆应重视特色资源数据库的建设，给有相关需求的用户提供精准化的特色服务。为了更好地满足用户多元化的服务需求，智慧图书馆应整合各项物质资源，构建具有更高效率和更好效能的资源有机体。在"轻应用"发展背景下，智慧图书馆微服务建设工作采用到的技术主要有 5G 通信技术、多维技术、数据仓储技术、大数据分析技术、虚拟仿真等技术。例如，目前发展的 5G 通信技术，可以实现智慧图书馆的全景自动导航导览、实体空间虚拟映射、精准画像推送、用户交互体验、智慧场馆管理等，使得智慧图书馆微服务更加移动化、泛在化、情景化。另外，这些新型技术也是支撑各项设备运行的基础，比如数据仓储技术可以支撑智慧图书馆自建特色资源数据库。最后，各项技术与物质资源融合，共同驱动微服务平台建设，推动智慧图书馆微服务体系发展。

在制度完善中，政府和智慧图书馆应结合发展情况，适时更新法规政策、调整完善相关制度。通过实践层面的体系组成要素分析，有关智慧图书馆微服务工作的制度建设主要包括监督制度、管理制度、发展规划、服务标准规范、相关政策等。对于智慧图书馆微服务体系的建设工作，政府应该做到立法先行，推动制定关于用户个人信息安全等方面的法律法规。在小程序服务平台的建设方面，政府应当制定全国层面的统一化标准，避免服务平台建设出现地域隔阂和企业隔阂等问题，保证智慧图书馆微服务体系在各个层面上互联互通。在馆员工作与发展方面，智慧图书馆应完善管理制度，明确培训制度、责任制度以及激励制度的内容。为保障智慧图书馆微服务体系的可持续发展，相关机制的完善必不可少。

综上所述，对智慧图书馆各项资源的整合与加工，有助于构建高效的微服务平台，实现对馆藏资源价值的充分发掘和准确揭示，为用户提供高质量的馆藏资源和高效便捷的微服务，并促进图书馆资源的增值，更好地满足多元化的用户需求。同时，还便于用户获取所需信息资源，有助于图书馆为用户提供精准化的微服务。对相关机制的完善，能够有效地促进我国 "轻应用" 背景下智慧图书馆微服务体系发展。

5.4　智慧图书馆微服务体系建设的动力

智慧城市要求城市各项服务朝着自我管理、深度感知以及自助服务的方向发展。智慧图书馆的发展是智慧城市的内在要求，图书馆作为人类文明的传播基地，承担着文化流动、传递、创新等重任。智慧图书馆借助微服务平台使图书馆服务信息化、智能化。智慧图书馆微服务作为智慧城市的一种延伸，也是一个多元函数，智慧图书馆微服务体系建设会受各种因素影响，微服务体系建设状况是图书馆内外因素交织作用的结果，这些因素也是推动微服务体系建设的动力。因此，本节从以下两个方面分析微服务体系建设的内外动力。

5.4.1　智慧图书馆微服务体系建设的内生动力

5.4.1.1　图书馆资源

（1）馆藏资源

科技发展日新月异，信息大爆炸时代已经来临，用户获取的信息越来越多，而所需信息需要用户自己去筛选。图书馆在信息时代中的作用更加显著，需要收集更多的信息资源包括电子与纸质的图书馆资源、报纸期刊等，在付费知识环境下不断扩充自身的知识储备。除了图书馆采购各种纸质、电子资源外，现今流行的如图书馆联盟，各图书馆以合作的方式来延伸图书馆馆藏资源。用户在图书馆网页上搜索资源，如果本馆没有用户所需的资源，搜索引擎则会自动在盟员馆中搜索，因此图书馆联盟能够最大限度地优化盟员馆的馆藏资源。丰富的馆藏资源是图书馆提供服务的基础，对资源的管理则是关键，如资源的分类和查找、纸质和电子资源的线上线下融合等。图书馆的馆藏资源为满足用户的需求正在与日俱增，纷繁的信息需要依托稳定的服务平台来管理，完善的微服务体系能够更好地为用户提供线上图书信息资源。

（2）图书馆人才资源

所有的创新发展都是由人来完成的，以人为本的人才管理是推动社会发展的关键。图书馆的发展是否能够站在时代潮流的前沿，是否能够在信息科技时代满足用户的阅读方式与体验要求，这些都要求图书馆管理员拥有战略管理思维，同时图书馆应该开放引进新的人才，充实图书馆后备人才力量。云舟域知识空间服务平台、超星学习通等为智慧图书馆的发展提供了微服务技术平台，微服务平台的运营与发展需要专门的技术人员，进行微服务程序设计、应用软件开发、日常平台相关维护工作等，所以素质良好的图书馆微服务平台运营人员是微服务体系建设的关键。

5.4.1.2 馆员自身特质

馆员自身特质也会影响图书馆微服务体系建设，馆员自身特质包括馆员的价值认知度、已有的知识结构以及对新事物的理解接受能力。馆员的价值认知度是对自身工作价值实现的愿望，这种愿望越强烈即价值认可度越高，越有利于图书馆微服务体系的建设。馆员自身已有的知识结构表现为对专业知识的掌握情况，对目前图书馆发展优势及劣势的掌握情况，对未来智慧图书馆发展规划的了解情况等。对新事物的理解接受能力即能够对周边信息技术发展状况保持积极热忱的态度，对科技带来的成果表现出敏锐的态度，乐意接受新事物发展所带来的改变。拥有较完善的知识结构和较强的理解接受能力的管理者会更加关注图书馆微服务的技术发展与应用以实现自身的职业目标，完成自身的职业价值。构建微服务体系离不开图书馆工作人员的共同努力，随着微服务时代的到来以及图书馆信息化的迅速发展，图书馆在要求馆员加强自身文化素养建设的同时积极纳新，接收外来优秀的管理人员，因此活跃在图书馆工作岗位的优秀工作人员推动了智慧图书馆微服务体系建设的进程。

5.4.1.3　图书馆融合新技术的程度

微时代的到来改变了传统的图书馆发展模式，如厦门大学等大学图书馆为响应"互联网＋图书馆"的智慧化服务浪潮，推出图书馆座位预订管理系统，这是我国图书馆最早应用网上预订图书馆座位服务，其服务方式就是用户通过进入图书馆 App 或是图书馆微信公众号选择自己喜欢的座位并预订使用的时间；又如上海图书馆推出虚拟图书馆服务，增加用户对虚拟图书馆的体验。高校图书馆和省市公共图书馆普遍站在科技化发展的前列，致力于为师生及社会人士服务，采用符合年轻人的阅读浏览方式，吸引更多的读者用户。越来越多的图书馆关注于当下信息科技带来的生活方式的变迁，当人们的生活观念转向简洁、舒适、轻松、便利的方式时，图书馆为了适应这种转变就需要做出适当的改变。当图书馆将自身的发展定位于符合当下潮流的微服务发展时，建立良好有序的微服务体系便成为图书馆发展的首要任务。

5.4.2 智慧图书馆微服务体系建设的外生动力

（1）智慧城市建设

随着"智慧地球"的提出，"智慧城市"开始提上城市发展的日程。国内"智慧城市"的实践稍晚，但是呈现迅猛发展之势，2009 年郑州联通计划 5 年内投入 100 亿元打造郑州智慧城市，同年 12 月南京市明确提出"智慧南京"建设战略。自 2010 年起，IBM 将智慧城市在中国持续推广，"智慧城市"的概念及相关运用已深入人心，国家智慧城市试点工作逐渐展开，并且取得相关的成就，我国智慧城市建设渐趋深入深圳、宁波、上海、北京等城市[53]。智慧城市建设在经济发展较好的地区试点发展，到目前为止，已取得良好的成果，其他城市正在逐步引进智慧城市建设系统。"十三五"规划也明确提出建设智慧城市的目标，我国的智慧城市建设在纵横方向延伸发展，纵向发展上至智慧城市群、下至智慧城镇，横向发展如智慧校园、智慧能源、智慧交通等。智慧城市的发展在国内形成遍地开花的趋势，其中，智慧图书馆是智慧城市发展的一个横向延伸，智慧城市的蓬勃发展必将要求城市图书馆智慧化建设，而微服务体系建设是图书馆智慧化的主要标志，智慧图书馆微服务体系的构建是智慧图书馆发展成熟的表现。智慧图书馆的兴起与发展是对智慧城市系统的完善，而智慧城市系统的不断成熟外在地促进了智慧图书馆微服务体系的建设。

（2）信息化进程

有人说我们所处的时代是第四次工业革命的时代，是智能化圈地运动和大数据时代。信息化发展的速度已超出人们的想象，国与国之间的实力较量逐渐转移到科技较量上，各个城市之间的角逐开始展现在城市科技发展指标上。传统图书馆在信息高速发展的时代想要立足，必须紧随时代发展步伐，"以人为本，读者至上"的服务理念融合现代科技的发展集中体现在微服务发展中。由信息化发展所衍生的新型知识服务及服务方式，新型知识信息服务资源、空间再造能力等冲击着图书馆的发展。信息化进程在整个城市圈中的各个行业蔓延开来，尤其体现在服务行业，各种云支付、闪付、线上二手市场等微服务展现在人们的眼前。信息化时代下的图书馆不仅面临着图书馆内部结构的改造，内部人员的更新与培训，也要从图书馆提供的服务中体现现代化、智能化、个性化的特征。图书馆在第四次工业革命浪潮和信息化进程中接受时代的冲击与挑战，因此在信息化进程中图书馆不仅要改善实体服务的服务内容与质量，更要打造虚拟、线上图书馆的服务体系，完善智慧图书馆微服务体系建设，圈出一片自身的智能化土地。

（3）用户的服务感知

读者用户既是图书馆服务的主体又是图书馆提供服务的受

体,满足用户需求是图书馆发展的动力。用户的服务感知对智慧图书馆微服务体系建设的推动在于读者通过图书馆所提供的微服务,从服务方式、服务形式到服务内容来感知服务质量,从而对图书馆的服务进行评价,图书馆在读者的评价中认知自身存在的不足,进而改进服务质量。在"用户至上"的市场经济中,用户的感知在营销市场中起着绝对性的作用,知识经济中用户仍然占有主导地位,在智慧图书馆微服务体系的建设中,读者对服务平台的感知是提高图书馆微服务质量的基础,高质量的服务是提高读者满意度的唯一途径。在微服务体验中,不同的用户群体会有不同的服务感知,称为用户感知差异。把用户感知理论运用到智慧图书馆的微服务平台服务中,可从读者的角度改善当前图书馆的不足。图书馆微服务在智慧化的过程中必定要接受读者用户的考验,用户的服务感知状况是对智慧图书馆微服务平台服务质量的反映,因此用户的感知差异从用户的需求方面促使智慧图书馆建立健全微服务体系。

5.5 智慧图书馆小程序服务平台框架

　　小程序服务平台建设是"轻应用"背景下智慧图书馆微服务体系的一个重要部分,小程序服务平台在该体系中发挥着连接智慧图书馆与用户的桥梁作用,也是智慧图书馆微服务建设的主要载体。如图 5 - 3 所示,该模块以小程序为支撑,以小程序服务平台为中心,连接着用户和智慧图书馆,小程序服务平台作为智慧图书馆微服务的重要载体，会受到监督机制和传播机制的影响与制约。

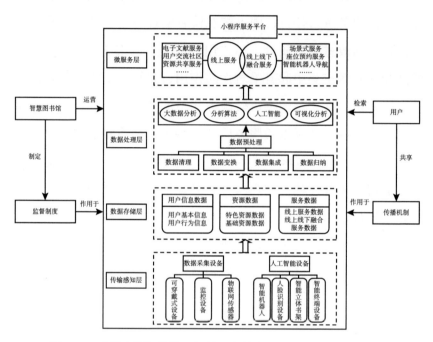

图 5 - 3   "轻应用" 背景下智慧图书馆小程序服务平台建设框架

通过图 5 - 3 可知，小程序服务平台可分为传输感知层、数据存储层、数据处理层以及微服务层。传输感知层是在小程序服务平台建设框架的基础上，为小程序服务平台的有序运行提供设备支撑。不同的基础设施具备不同的功能，主要包括数据采集设备和人工智能设备，其中：数据采集设备能够实现对数据的采集、传输，为小程序服务平台提供数据基础，主要包括可穿戴式设备、监控设备、物联网 RFID 传感器等设备；人工智能设备包括智能机器人、人脸识别设备、智能终端设备、智能立体书架等，旨在帮助用户有效运用小程序，为"轻应用"背景下智慧图书馆微服务提供链接。数据存储层是将传输感知层获取的数据进行集中管理，并存储在云平台上，可供后续数据处理层提取使用，主要包括用户信息数据、资源数据以及服务数据等，其中：用户信息数据主要包括用户基本信息数据以及用户行为信息数据，在用户分析方面，可穿戴式设备、人脸识别设备等设备的应用，能够收集详细的用户信息数据，以此生成精准的用户画像，为智慧图书馆给用户提供优质的微服务打下基础；资源数据主要包括基础资源数据和特色资源数据，为智慧图书馆微服务建设奠定资源基石，高质量的微服务内容往往离不开智慧图书馆优质的馆藏资源，尤其是特色资源数据库的建立，能够很好地丰富微服务内容，显著提高用户满意度。数据处理层是对数据存储层的数据进行加工、转换等工作，并根据用户需求对预处理过的数据进行筛选分析，为用户提供个性化推荐。在数据预处理中，主要包括数据清理、数据变换、数据集成、数据归纳等过程，目的是为后续数据分析提供有意义的信息数据。待数据进行预处理后，想要给用户提供精准化的服务推荐，可通过大数据分析、可视化分析、人工智能、分析算法等技术，将用户服务需求与智慧图书馆微服务内容进行综合决策，形成自动响应。微服务层是智慧图书馆微服务的落脚处，通过虚拟现实技术、信息推送技术等，为用户提供优质的线上服务和线上线下融合服务。通过小程序的应用，可以有效打通智慧图书馆线上服务和线下服务，例如座位预约服务，用户可直接通过小程序进行预约，然后登录微信扫描二维码签到即可入座。这样可以极大地提高智慧图书馆微服务效率，给用户带来更好的体验感。另外，由于小程序是嵌入于微信中的"轻应用"，可借助微信强大的社交功能，为用户提供优质的社交场景服务。

在小程序服务平台建设方面，智慧图书馆应充分利用小程序服务平台的优势，对自身微服务内容进行推广，实现便捷化、智能化、个性化的微服务。图书馆还应利用计算机技术充分挖掘和开发小程序服务平台的服务功能，不断拓展微服务建设领域。从用户使用的角度来看，用户可以利用小程序服务平台的检索入口对智慧图书馆发布的微服务内容进行检索，使用平台的各项服务功能与图书馆员进行互动交流，根据个人需求选择微服务内容。

在微服务传播和监督方面，小程序服务平台具有方便快捷、共享性、互动性等特点，呈现出双向流动的动态性传播特征，同时也存在内容碎片化等局限性，这就需要智慧图书馆建立监督机制，及时对小程序服务平台的各个环节进行监督，而用户在小程序服务平台上交流共享微服务内容，形成适合小程序服务平台的传播机制，这对微服务的发展也会产生一定的影响。

5.6 智慧图书馆微服务体系构建

根据"轻应用"背景下智慧图书馆微服务体系构建原则及思路，并结合智慧图书馆微服务体系要素分析结果，对智慧图书馆微服务体系进行层次分析并构建总体模型。

5.6.1 体系层次分析

依据第 4 章研究得到的体系层次结构要素框架,智慧图书馆微服务体系层次主要包括目标层、技术层、服务层、资源层、需求层五个层次结构。依据上述理论研究结果,结合智慧图书馆微服务实践情况,对层次架构的具体要素构成进行分析。

5.6.1.1 目标层

目标层反映"轻应用"背景下智慧图书馆微服务体系构建的总体目的,对体系的构建起到方向指引作用。"轻应用"背景下智慧图书馆微服务体系构建目的主要是促进资源合理配置利用,同时提高智慧图书馆微服务性价比、丰富微服务形式、优化用户体验、满足用户"专快轻"的服务需求。因此,目标层主要包含以下三个方面内容。

(1)促进资源合理优化配置

智慧图书馆微服务是在各类资源整合协同基础之上实现的,体系的构建要以推动资源优化配置为目标,整合信息资源、协同人力资源,提高各类资源的利用率。

(2)促进智慧图书馆服务价值提升

不管是搭建小程序服务平台,优化资源合理配置,还是满足用户"专快轻"的服务需求,最终都是为了提升智慧图书馆微服务水平,促进微服务升级,提供高水平的微服务,进而促进智慧图书馆服务价值提升。

（3）增强用户服务体验感

随着互联网进入下半场，用户对于服务体验感的要求越来越高。智慧图书馆通过小程序服务平台给用户提供微服务内容，可以简化用户获取服务的流程，而且可以极大地实现线上服务和线下服务的深度融合，这些都可以优化用户体验，提高他们的满意感。

（4）满足用户"专快轻"的服务需求

在"轻应用"背景下，智慧图书馆微服务以提供便捷化、多样化、个性化服务内容来满足用户需求为主要目标，通过微服务体系的构建促进服务形式和服务内容的创新，满足用户"专快轻"的服务需求。

5.6.1.2　技术层

技术层是在实践层的基础上形成的，其作用为促进目标层的实现。智慧图书馆微服务能力是在智慧图书馆通过小程序服务平台给用户提供微服务内容，满足用户多元化的信息资源需求过程中表现出来的，直接影响着智慧图书馆微服务的效果。通过对智慧图书馆微服务机理展开相关分析，可以知道智慧图书馆微服务过程大致可以分为资源整合、服务产出以及服务提供三个阶段。对应不同的服务阶段，智慧图书馆所体现的微服务能力也有所不同。

按照服务能力形成的不同阶段，可以将智慧图书馆微服务能力分为资源整合力、服务产出力和服务提供力三大方面。

①资源整合力是指智慧图书馆在资源整合过程中形成的，体现智慧图书馆对于物质资源、人力资源、组织资源以及内外部环

境的资源整合能力。

②服务产出力是指智慧图书馆在整合资源的基础上,直接或者间接产出服务过程中形成的,体现智慧图书馆的服务创造能力。

③服务提供力是指智慧图书馆在已生成服务内容以及供需匹配的基础上,实现服务内容提供过程中形成的;体现智慧图书馆对于服务内容的传播和提供能力。

5.6.1.3 服务层

根据实践层面体系组成要素分析的研究结果,可知服务层是在资源层的基础上形成的,包括线上服务和线上线下融合服务。智慧图书馆微服务主要是通过小程序服务平台,以个性化服务、场景式服务、信息化服务以及特色服务等多项服务内容为切入点,向用户提供移动信息服务。

①线上服务指的是智慧图书馆依托小程序服务平台,将整合的各类资源通过移动服务形式提供给读者,满足读者的微服务需求,如虚拟馆舍展览服务、电子文献服务、3D 图书资源展示服务、特色服务、多平台链接服务、资源共享服务、用户交流社区等线上服务。

②线上线下融合服务指的是读者可以通过使用智慧图书馆小程序服务平台,实现便捷获取线下实体服务的目标,可以极大地增强用户的体验感,例如智能机器人导航服务、场景式服务、座位预约服务、一键式应急服务、一键式借阅服务等线上线下融合服务。

5.6.1.4 资源层

根据实践层面体系组成要素的分析结果，资源层包括物质、人力和组织资源，是智慧图书馆提供微服务的基础。依据已构建的体系组成要素关系模型，可知物质资源对智慧图书馆微服务发挥着内在驱动作用，人力资源对智慧图书馆微服务发挥着直接驱动作用，而组织资源则对智慧图书馆微服务发挥着间接驱动作用，因此，可以将资源层细分为内驱资源层、直驱资源层和间驱资源层，这三者协同作用共同驱动着整个智慧图书馆微服务体系发展。

①内驱资源层指的是物质资源，物质资源主要由数据采集设备、人工智能设备、基础设施设备、特色资源数据库以及基础资源数据库构成，包括智慧图书馆通过购买、自建或者合作共建等方式获取的各类设施设备以及数据库资源，如可穿戴设备、监控设备、物联网 RFID 传感器、智能机器人、人脸识别设备、智能立体书架、智能终端设备、计算机设备、自助借还机、网络设备、打印机、自建特色资源数据库、智库成果、中外文电子文献、馆藏书籍等物质资源。

②直驱资源层指的是人力资源，人力资源主要由信息技术人才、管理运营人员和智慧馆员组成，包括小程序服务平台搭建和维护人才、小程序服务平台运营管理人员以及具备较高素质和服务能力的图书馆馆员，如平台搭建人员、平台维护人员、宣传推广人员、咨询应答人员、管理人员、学科型馆员、微服务领域研究员等人力资源。

③间驱资源层指的是组织资源，组织资源主要由技术支持、制度建设、社会环境基础以及保障机制构成，包括：大数据分析技术、虚拟仿真技术等；监督管理制度、服务标准规范等；政策法规方针政策等外部环境；相关资金投入保障服务。例如 5G 通信技术、多维技术、数据仓储技术、大数据分析技术、虚拟仿真技术、制度建设、监督制度、管理制度、发展规划、服务标准规范、图书馆联盟、相关政策、资金投入、用户信息保护等组织资源。

5.6.1.5 需求层

根据实践层面体系组成要素的分析结果，可知需求层通过服务层得到需求满足，并影响和推动了资源层的建设。需求层包括"专快轻"的服务需求、信息资源服务需求、知识空间服务需求和个性化产品服务需求四类。

①"专快轻"的服务需求是指用户能够便捷化获取服务的相关需求，具体包括便捷化服务需求、快速获取性服务需求以及轻量化服务需求等。随着智能化产品和服务的迅速发展，用户对于便捷化的服务需求越来越高，而小程序服务平台具有即搜即用、无须下载的特点，能够极大提高用户获取服务的便捷性。因此，智慧图书馆借助小程序服务平台，可以很好地满足用户"专快轻"的服务需求。

②信息资源服务需求是指用户对于信息资源获得的相关需求，具体包括资源获取需求、数据管理需求以及信息查询需求等。如专业文献需求、科研数据分析、理论研究前沿信息、特

色资源数据库、科技查新服务、文献传递服务等。

③知识空间服务需求是指用户的社交互动相关服务需求，具体包括社交互动需求、多源数据需求、虚拟空间需求等。智慧图书馆小程序服务平台是基于如微信、QQ、支付宝等超级 App 而开发的，读者可以通过这个小程序服务平台，便捷、高效地获取智慧图书馆所拥有的资源，另外还可以通过专题领域和学习圈子进行资源的转发、分享、评论等，为读者们构建一个自由学习、交流的虚拟空间，能够很好地满足用户的知识空间服务需求。

④个性化产品服务需求是指用户对于个性化、定制化服务内容的相关需求，具体包括针对性需求、决策性服务需求和创新发展需求。智慧图书馆小程序服务平台通过获取相关数据信息，进行数据挖掘和数据分析，生成用户画像，个性化地给用户推送有针对性的服务内容，如决策辅助、个人职业发展规划、特色资源推荐等。

5.6.2 体系总体模型

根据体系层次分析，结合理论层面的智慧图书馆微服务体系层次结构要素以及实践层面的组成要素的关系模型，再结合智慧图书馆微服务的实践情况，得出智慧图书馆微服务体系的总体模型，如图 5-4 所示。通过对智慧图书馆微服务体系层次结构的分析，可知具体包括目标层、需求层、资源层、服务层以及需求层五大类，其中，资源层分为内驱资源层、直驱资源层和间驱资源层,而资源层、服务层和需求层共同构成实践层。智慧图书馆微服务体系的各个层次之间相互影响,促进体系各个要素有序发展。各层次及体系要素之间的关系如下。

①目标层的促进资源合理优化配置、提升图书馆服务价值、增强用户服务体验感以及满足用户"专快轻"服务需求四大目标引领推动技术层的实现,而技术层的资源整合力、服务产出力以及服务提供力反过来又促进目标层的实现。

②技术层的资源整合力、服务产出力以及服务提供力三大能力是基于实践层形成的,反过来技术层又制约影响着实践层的发展。

③作为内驱资源层的物质资源对服务层产生内在驱动的作用,作为直驱资源层的人力资源对服务层产生直接驱动的作用,作为间驱资源层的组织资源对服务层产生间接驱动的作用。

④人力资源对物质资源和组织资源都有影响作用。

⑤需求层对服务层有外在驱动作用。

在各个层次内部,内驱资源层是由物质资源整合形成的,直驱资源层是由人力资源协同形成的,间驱资源层是由技术支持、制度建设、社会环境基础以及保障机制的完善形成的,需求层是在用户各类知识服务需求的基础上形成的。服务层的良好运行有赖于智慧图书馆的资源建设中心、小程序服务平台、人工智能设备管理中心、微服务中心、人才培养中心等各类服务中心的支撑。

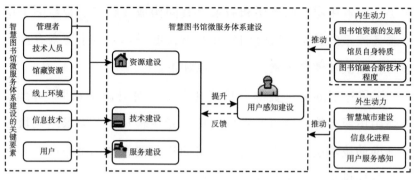

图5-4 "轻应用"背景下智慧图书馆微服务体系总体模型

5.7 本章小结

本章在前文研究基础上,构建了"轻应用"背景下的智慧图书馆微服务体系。首先分析了智慧图书馆微服务体系的构建目的、构建原则以及构建思路,其次在此基础上详细分析了实践层的构建路径,最后结合体系层次的分析结果,构建了体系总体模型。本章的主要研究内容如下。

①对"轻应用"背景下智慧图书馆微服务体系的构建目的、构建原则以及构建思路进行了分析。从提高智慧图书馆移动服务性价比、丰富智慧图书馆移动服务形式、优化智慧图书馆移动用户体验、满足用户"专快轻"的移动服务需求等方面分析了体系的构建目的,从前瞻性、普适性、经济性、便捷性、深度融合性等方面分析体系的构建原则,并结合前文研究内容,分析了体系的构建思路。

②根据智慧图书馆微服务体系构建基础,从微服务中心组织

架构、资源整合与制度完善以及小程序服务平台框架三个方面分析了实践层面的体系构建路径，为后续智慧图书馆微服务体系的总体模型构建奠定基础。

③构建了"轻应用"背景下智慧图书馆微服务体系，对智慧图书馆微服务体系的五个层次结构进行了分析，并对各个层次要素之间的关联关系展开了分析，最后构建了智慧图书馆微服务体系的总体模型。

第6章
智慧图书馆微服务体系资源建设研究

由第 3 章分析可知，智慧图书馆微服务体系建设受关键要素和内生动力、外生动力影响。微服务体系建设的关键要素包括服务主体、服务本体、服务技术、服务受体四大要素，概括起来就是资源、服务、技术、用户。内生动力包括图书馆馆藏资源、人才资源、馆员自身特质、图书馆自身定位，外生动力包括智慧城市建设、信息化进程、用户的服务感知，所以这些内生动力、外生动力也可概括为四个方面：资源、服务、技术、用户感知，本章到第 8 章分别对应这四个方面来介绍智慧图书馆微服务体系建设包括的内容。

6.1　智慧图书馆微服务体系资源建设的内涵

资源建设是智慧图书馆微服务体系建设的基础，图书馆资源是为用户提供服务的关键。在第十届创新论坛上有学者提出，馆藏文献资源是图书馆服务的根本，资源的组织水平、宣传力度、推广效果决定图书馆的服务效率。全球信息化进入全面渗透、加速创新、跨界融合的新阶段，信息化带来图书馆资源数字化发展，体现在：纸质资源整合加工技术在逐步成熟，图书馆数字资源购买率在持续攀升，数字资源覆盖率在逐渐扩大，数字化资源使用效果明显等[54]。2001 年 IFLA（国际图书馆协会）提出对资源发展的指南，认为图书馆资源建设分为两个层次：第一层次是基础，包括资源特色的建设、资源载体、资源的馆藏、资源建设部门的职责等；第二层次是对基础层的拓展，如资源发展评估与规划、资源利用评价、资源建设指标等。本书认为图书馆资源除了馆藏资源以外，还包括提供和组织馆藏资源的其他资源，如信息资源的拓宽，图书馆组织机制的改善，新设备的引进，图书馆管理人才和技术人员的培训与纳新等。图书馆的信息资源、组织资源、人力资源共同构成智慧图书馆微服务体系，图书馆各种资源相互配合，共同发展，构建微服务体系资源框架，为微服务的发展保驾护航。

6.2 智慧图书馆微服务体系资源建设的主要构成

图书馆信息资源建设，图书馆组织资源建设如设备更新，以及图书馆人力资源建设共同构成图书馆微服务体系资源建设。

6.2.1 图书馆信息资源

信息资源由文献资源演化而来，文献资源的概念大约出现在 20 世纪 80 年代，随着互联网信息技术的发展继而深化为信息资源。第四次工业革命的到来，引领人们进入大数据时代和智能化时代。计算机、物联网等技术的普及与应用不断拓宽信息资源的外延，从竹简书籍、纸质印刷到数字资源，多元载体并行。信息资源的建设不再单纯是图书馆"拥有"多少资源，读者能够从图书馆"获取"多少资源，图书馆信息资源建设服务以"可用性"为导向，由"收藏资源"转向"服务用户"功能[55]。信息资源的多元化，用户需求的多样化，信息资源建设的复杂化都需要图书馆信息资源建设按照科学化路线发展。图书馆想要在信息化时代生存，必须全面提高自身的服务水平，特别是要加强信息资源的建设，信息资源服务体系是每个图书馆综合实力的体现，对用户的感知服务差异起着重要的作用。信息资源建设不仅是提升图书馆综合实力的需要，更是建设一流学科的要求。2017 年 9 月 21 日，教育部正式公布了"双一流"高校建设名单，42 所高校进入一流大学建设行列，95 所高校进入一流学科建设行列[56]。高校图书馆作为高校信息资源保障地，是一流大学及一流学科建设的重要基石，为了能给用户带来更多更好的体验，也为了保障"双一流"高校资源建设，需要探索新的信息资源建设模式。而公共图书馆正在面临信息时代的冲击，一部分公共图书馆开始进军知识化、智能化领域，为了能够更加完美地向知识信息功能转化，需要构建一套功能较全的智慧图书馆微服务体系。

6.2.2　图书馆组织资源

智慧图书馆微服务体系资源建设中的组织资源包括微服务平台的设计及运营维护，各种智能服务设备的采购更新等。微服务平台与各种智能设备是智慧图书馆提供微服务的载体，高质量的微服务平台设计与科技化的智能服务设备是带给用户高水平体验的前提。国内对于图书馆微服务平台的运营及优化颇有研究成果。李斯、唐琼[57]分析了在微服务快速发展的现代，高校图书馆微博的角色形象特征，认为为了建设高校图书馆微博良好形象，需要改善图书馆微博平台的运营状况。也有学者[58]以新浪微博认证的用户为对象调查我国高校图书馆微博服务现状，认为我国高校图书馆微博要进一步加强宣传和平台升级。图书馆在建设智慧化的服务模式时关注的是如何让更多的用户了解智慧图书馆的服务模式，更大的意愿让智慧图书馆的服务走进日常工作生活中，因此有学者[59]总结传统的图书馆营销模式，分析其不足之处，提倡构建新的图书馆微博平台的营销模式。图书馆微服务平台设计与运营理论研究已取得良好成果，但是关于服务平台的具体运用效果欠佳，需要更多地投入实践中。智慧图书馆的微服务离不开各种智能服务设备的应用，目前我国大部分图书馆已提供无人自动借还书机设备，24 小时为用户服务，北京大学图书馆还提供了 3D 打印服务。但是 3D 打印机、可穿戴设备等在图书馆中的应用率不高，还需要进一步加快技术升级，提高服务水平。

AI、AR 技术在全球各个领域得到普遍应用，图书馆应该抓住信息技术带来的机遇，让智慧图书馆微服务朝着智能前沿发展。随着当前网络化的日益发展，提供智慧服务已成为我国图书馆从传统图书馆模式向智慧图书馆模式转型的必然要求。但智慧图书馆的构建不是高科技设备的堆积，而是利用这些新技术，获取和分析用户的情境数据信息，为用户提供更加人性化和个性化的服务。

6.2.3　图书馆人力资源

技术管理人员是智慧图书馆微服务体系建设的智囊团，微服务平台的研发运营、图书馆智能设备的采购、图书馆规章制度的制定、图书馆发展定位、微服务体系的建构等都离不开技术管理人员的集思广益。智慧图书馆发展的如今，图书馆工作人员的业务技能能否通过信息技术的考核是关键。智慧图书馆情境感知服务内容的创新设计离不开掌握技术创新的技术者、能够识别用户需求的发现者，以及从宏观上调整服务内容设计的管理者。我国图书馆对于人力资源的引进以及配置方面缺乏统筹规划，引进人员时往往带有盲目性和随意性，岗位配置和人员管理上经常出现不均衡现象。相对于其他部门单位，图书馆的事业单位编制配额总是缺乏，岗位和编制配置紧张，人力资源分配不平衡[60]。图书馆特别是高校图书馆的工作人员，多为兼职聘任，被动式配置管理岗位人员，例如在人才引进时将其配偶安排在图书馆的管理岗位上，而这些一线技术以及文献检索教学等岗位都需要以一定的图书情报知识为基础，而配置在这些岗位的大多数人不是这个领域的相关人员：第一，这些非专业人员对于图书馆服务并不熟悉，不能明确图书馆服务今后需要如何创新发展新内容；第二，在具体实施怎样利用新科技进行图书馆服务内容创新时达不到相应的技术水平。所以，图书馆在引进和培训技术管理人员时要注重人才的自身专业素养，打造智慧图书馆微服务体系软实力。

6.3 智慧图书馆微服务体系资源建设的策略

6.3.1 信息资源建设上采用 B2C 资源建设模式

自"十三五"时期以来，图书馆信息资源在进一步实行扁平化建设，图书馆信息资源是智慧化服务的基础，随着信息科技的发展，信息的载体、内容、形式等开始多样化，人们可获得的资源呈现指数增长，但是人们想要获取可用的资源却变得越加困难，采用 B2C 资源建设模式可有效缩短用户与可用资源之间的距离。用户需求导向的资源采购模式逐渐成为常态，当前用户驱动的资源采购模式有 PDA 模式（patron-driven acquisition，读者决策采购）和 POD 模式（publish on demand，按需出版)[55]，较之读者荐购[61]（读者向图书馆推荐购买、收藏某种资源），PDA 和 POD 模式在资源建设主体上是用户自身，而读者荐购资源建设主体仍是图书馆。虽然 PDA 和 POD 模式在纸质和电子资源上用户参与广泛，但是还没有涉及数据库建设，而 B2C 资源建设模式试图将图书馆纸质图书、电子图书的采购以及数字资源的订购、续用等权限交给用户决定。目前，B2C 模式是用户参与资源建设最广泛的模式，涉及图书馆的全部信息资源建设，特别是电子信息资源涉及图书馆微服务体系建设。所谓的 B2C 资源建设模式，运用到 OPAC 系统、读者系统、数字资源管理系统等，具体操作是用户登录数字资源管理系统中的"用户采购"界面，按照自己的需求直接采购所需的电子信息资源。B2C 模式是智慧图书馆微服务体系的重要组成部分，它的应用可缩短用户与信息资源的距离，同时也激发用户参与图书馆信息资源建设的意愿。

6.3.2 微服务平台设计与设备更新紧密于用户需求

随着手机等移动设备的发展，微服务已迎来全面花开的时期，图书馆微博微信成为常见的微服务模式，移动 App 成为人们掌上服务厅。微服务及智能设备逐渐普及，个性化服务成为这些智能设备及服务的标签。实现服务个性化，微服务平台的设计及智能设备更新就需要贴合用户的需求，针对不同的用户需求搭建个性化服务平台，向用户推荐趣味化、感知化的服务是图书馆微服务的主体任务。例如进馆、借还书可利用人脸识别技术，设置3D 体验室，带读者进入视觉，听觉享受，增加用户进馆体验的趣味性和积极性。另外，AR（虚拟现实）和 AI（人工智能）技术，可穿戴设备、数据挖掘等新兴技术设备已渗透各行各业，这些技术和设备使得图书馆服务功能大幅度拓展，满足用户视觉、听觉需要以及阅读习惯。"用户至上"是图书馆服务的宗旨，图书馆在进行任何一项新项目的建设或是改善已有的服务功能，都需要图书馆工作者实地访谈，设计调查问卷，让用户参与其中，了解用户的真实感受，让用户对图书馆微服务提出意见与改善建议，让服务改善与创新以用户的需求为依据，使得以用户需求为基础的微服务平台设计真实可靠。

6.3.3 拓宽人力资源，提高图书馆员队伍基准

围绕图书馆的定位发展规划与特色资源优势发展建设，结合工作需要，人力资源与编制配置管理部门在引进外来人才资源与培训内部管理人员时，要统筹考虑图书馆人力资源现状，明确不同岗位的人才空缺情况，并且明了不同岗位需要哪种技能的人才。在招聘图书馆人才时，优化招聘方式，内部选聘与外部招聘相结合。特别是在高校图书馆中，常常是由教职工的家属填补图书馆职位的空缺，称为被动式接收安置人员，正如前文所述，图书馆工作人员需要熟悉图书馆服务内容，掌握相应的服务技术，人力资源部门要根据个人特质不同安排相应的岗位。对于被动式接收人员的安置，人力资源部要推行择优胜任制，制定合理的岗位胜任结果评价方法，评价内容包括专业知识、技能水平、内驱力、工作动机等方面。对于高素质需求的岗位，可以内部考核择优或者是对外招聘优秀人员，提高进入门槛，要求接受过图书情报知识培训，同时掌握一定的计算机技术和外语能力，能够承担智慧图书馆微服务体系建设的大任，从而实现人力资源有效配

置，强化智慧图书馆微服务体系人才队伍建设[60]。经过层层选拔出来的图书馆人才要进行入馆培训，使其充分了解图书馆工作岗位的发展状况与工作要求，明确该岗位的工作内容，同时了解被选人员的工作意向，最后达成共识，拟定聘任人员名单。

6.4　本章小结

　　资源建设是微服务体系建设的基础，本章从图书馆的信息资源、组织资源，以及人力资源出发，搭建微服务体系资源建设的框架。微服务信息资源的获取是用户对微服务体验的第一站，采取用户导向的资源采购模式有利于满足用户的信息需求，促进信息资源的高效利用。而微服务平台的设计及服务产品的更新则能带给用户科技与阅读的新体验，感受科技的人文关怀，提升图书馆的服务质量，打开服务新模式。人力资源在图书馆微服务建设中起到宏观调控的作用，高水准的图书馆人才能够打造更好的图书馆微服务，加快微服务体系资源建设的步伐，共建智慧化图书馆。

第 7 章

智慧图书馆微服务体系服务建设研究

在互联网与信息技术快速发展的环境下，我国公共文化服务体系建设不断加快，同时也对图书馆的服务体系提出了更高的要求。图书馆智慧服务是"互联网＋图书馆"的产物，能够全方位感知用户需要，是信息互通的智能化服务，是传统图书馆文献服务、借还书服务向智能化服务的转变，也可以理解为技术服务、信息服务、知识服务的结合，图书馆智慧服务将会对人们的文化生活产生深远影响。智慧图书馆所提供的微服务是智慧图书馆微服务体系建设中的主要组成部分，对图书馆微服务的研究是智慧图书馆发展的必由之路。

7.1　智慧图书馆微服务体系服务建设的内涵

随着科技的发展，微服务内容设计更加贴近读者需求与智慧化。基于读者搜索的信息资源基本信息，提供识别图书所在位置的寻书导航服务[62]；线上图书馆访问、线上图书馆座位预约服务甚至通过感知用户的脉动和行为状况判断用户身体健康状况[63]；由美国卡内基梅隆大学开发的智能终端服务器基于用户的行为轨迹收集用户情境信息并提供个性化的服务[64]；以及智慧图书馆如何为视障人群提供智慧服务[65]。服务设计更加追求用户体验。以 APEX 技术为基础，利用 3D 应用程序服务器连接物理设备，满足用户进馆体验 3D 效果[66]；结合情境感知中的位置感知技术以帮助用户查找图书位置，此外也提供了用户所在地与书籍所在书架的最佳路径，提高用户寻书的体验[67]。与此同时，第五代移动通信技术（5G 技术）正在悄然成熟，借助 AI 和互联网的数据洪流又会将图书馆带入智慧与科技的时代。

综合上述文献的梳理研究，智慧图书馆微服务体系服务建设在蓬勃发展，面对 5G 技术的到来，微服务建设也需要顺应时代的发展趋势，因此，本书对微服务体系服务建设的定义为：图书馆合理运用新一代技术如 5G 技术与情境感知技术等整合分析用户所处的地理位置、周围环境、检索习惯、反馈信息等数据，智能化挖掘用户的行为习惯、阅读爱好等信息，依据用户的需求以及信息技术的更新推送个性化的服务内容。智慧图书馆情境感知微服务内容设计是本章的研究重点，追求服务的个性化是本章内容设计的特色。

7.2 智慧图书馆微服务体系服务 建设的主要构成

智慧图书馆是各种感应设备的相互组合和配合，其功能就是收集用户的行为轨迹，通过客户端将用户的情境数据信息进行分析与处理，结合用户的浏览痕迹、兴趣爱好等信息，根据用户情境向其推荐资源服务。另外，用聚类分析法挖掘用户的阅读兴趣、行为习惯进而建立不同的兴趣部落，实现用户社区文化交流，而此交流平台是开放的、流动的，使用户与平台、用户与用户、用户与图书馆、图书馆与数据库运营商互通联动，扩展图书馆智慧化服务的应用范围，增强服务的精准性与安全性。

7.2.1 基于 5G 的个性化服务内容

5G 技术具有超高传输率和超低延迟率，能够支持大规模高密度与高速度的设备，搭档高可靠性的新一代蜂窝移动通信技术[68]。结合 5G 的智慧图书馆个性化服务内容如下。

（1）超高清 VR 直播

超高清视频一直是互联网时代追逐的核心项目之一，能够带给用户更直观的视觉享受。5G 技术凭借强大的网络传输率能够轻松驾驭 8K 的超高清视频，搭载 VR 视频会议，通过各定点的摄像头全景直播，让远在图书馆之外的用户只需通过佩戴 VR 装备与移动通信设备就可远程观看。

（2）智慧阅读空间

智慧图书馆可根据用户的阅读需求开设主题阅读空间，智慧图书馆可通过5G与互联网技术在虚拟空间中连接相关设备与网络，用户只需在移动图书馆中设置个人或小组的阅读需求，智慧阅读空间即会向终端发起资源搜索以及根据用户的需求设置相应的阅读空间，让用户在移动设备的虚拟空间中享受阅读。

（3）智能机器人

在技术发展的现今，人机交互的设备备受用户青睐，5G技术的高频与传输功能能够实现机器人之间以及机器人与设备之间的互联互通，实体机器人则会为用户提供馆内导航、图书借阅归还以及资源搜索等服务，虚拟机器人则在移动客户端为用户提供语音导航、语音阅读文献、虚拟动画表演、虚拟仿真等服务。

7.2.2　基于空间感知的服务内容

在"互联网＋"及其应用研究日渐重视的背景下，对智慧图书馆背景下融入情境感知的服务模式及相关支撑技术的研究课题逐渐增多。关于图书馆资源空间的改造和利用已经成为传统图书馆向智慧图书馆转变的关键点。随着空间管理等工作的深入，图书馆管理者需要了解读者的资源需求。读者空间行为数据的采集、处理、加工、计算分析与挖掘对未来智慧图书馆的发展具有深刻的影响，智慧图书馆空间管理的数据需要通过一系列的、科学的、基于读者空间行为的空间感知服务系统，以获取读者在图书馆空间使用情况。基于空间感知设计的服务内容如图7-1所示。

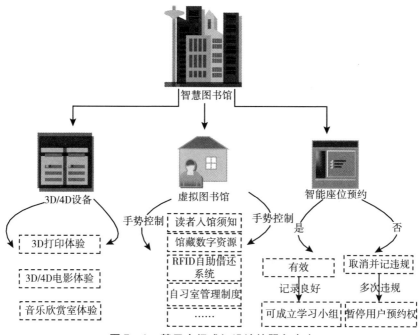

图 7 - 1 基于空间感知设计的服务内容

（1）3D、4D 体验

增强图书馆内体验式服务也是馆内空间资源合理利用的有效方式，读者能够亲身体验图书馆智能设备运行带来的乐趣，感受图书馆服务在不断进步，更好地融入图书馆信息资源建设中来，推进图书馆提供精神、情感和智力上的多重用户体验，如：3D 打印体验，移动设备体验，3D、4D 电影体验，音乐欣赏室体验等多种体验方式。这种集娱乐设施体验为一体的图书馆服务不仅能够丰富用户的日常阅读生活，而且有利于大众对于图书馆提供的服务产生兴趣，更加愿意参与其中。

（2）手势控制虚拟图书馆

虚拟图书馆是当下互联网、物联网、云计算、大数据等技术发展的产物。三维虚拟图书馆把馆舍布局、读者入馆须知、门禁系统、RFID 自助借还系统、自习室管理制度、书目查询方法、馆藏数字资源和电子阅览室管理规则等方面内容，以形象生动的视觉效果呈现在读者面前，并设置任务保障其学习效果。三维虚拟图书馆的运用类似于现在很多网上虚拟商店，用户登录虚拟图书馆，如果是新用户则可点击"入馆须知"查看相关使用指南，如果是老用户则直接进入主页。手势控制虚拟图书馆即用户在虚拟图书馆页面，点击或者长按，或是双指（又或是三指）滑动任何一项栏目，即会出现"即刻体验""扫一扫""立即阅读""发送文件""下载"等相应的服务，类似于用户使用智能手机时长按手机屏幕出现的各种服务项目。虚拟图书馆是图书馆与时代发展的完美衔接，极大地节约了实体图书馆的空间。另外，手势控制虚拟图书馆便利用户生活的同时，也能够带给用户不一样的体验。

（3）智能座位预约

①用户利用移动设备进入图书馆座位预约系统，类似于进入网上电影院座位预约系统，挑选自己喜欢的座位，并且预约相应的时间段，准时刷卡进馆进行阅读学习。通过基于 Wi－FI 无线定位技术的无线运维平台访问读者每次预订座位的位置，预订后的座位是否真实被利用，如果用户错过预约时间到达所选位置，系统将会消除该用户此次的使用预约，并且系统会自动记录此次的违规状况，在违规次数达到上限时暂停该用户的预约权限，直至违规期满。②除为个人提供座位预约外，还为学习小组提供研讨室，只要在座位预约系统上输入小组成员信息，系统根据小组不同人数匹配不同大小的研讨室，预约时间内小组成员刷卡进

入，为小组成员提供安静的学习环境。智能化座位预约系统在方便用户座位预约时也有效避免了占座现象的发生，提高了图书馆空间资源的利用率。用户准时遵守预约规定也是更好配合图书馆空间建设与规划的一种体现。

7.2.3 基于用户行为感知的服务内容

当下线上交流、线上购物已然成为现在年轻人的基本生活方式，分析用户行为并开展针对性的促销活动成为电子商务新常态。结合用户消费及娱乐行为方式，对智慧图书馆服务内容提出以下设计方案，如图 7 - 2 所示。

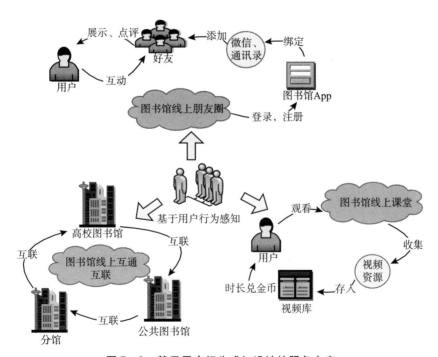

图 7 - 2　基于用户行为感知设计的服务内容

（1）基于学习交流的图书馆线上朋友圈服务

目前，很多高校以及大型公共图书馆提供了本馆的微信公众号服务，但在调查的 20 所高校图书馆和 30 所公共图书馆中，读者使用微信公众号进行查询的次数并不多。究其原因，主要是图书馆的微信公众号所提供的服务单一，仅提供读者进行馆内的图书资源查询以及借还书的情况。图书馆在推广本馆的线上服务时不得不考虑读者使用该服务的兴趣点和目的。鉴于目前图书馆线上服务效果不佳的情况，图书馆可以开通图书馆线上朋友圈的服务，读者登录图书馆 App，注册账号，通过绑定微信、通讯录等相关账号可加其他好友，开通向好友展示读者近期借阅的书籍资料，可对阅读过的书籍进行点评，点评对好友可见，好友之间可对书籍以及书籍点评等进行互动。图书馆线上朋友圈服务可增进线上学习的互动，在阅读点评的同时可进行互粉，使读者在线上图书馆拥有自己的"粉丝"，阅读越多、点评越频繁，线上图书馆的等级就会越高。线上图书馆根据读者阅读偏好可向读者推荐相关书籍，同时也能够感知读者的阅读兴趣，向读者推荐具有相同或类似阅读爱好的好友，这样读者不仅促进了图书馆 App 的使用频率，更增加了读者的阅读兴趣，同时促进线上结交"书友"。图书馆线上朋友圈服务可成为年轻人的阅读方式，使图书馆服务朝着个性化、智能化方向发展。

（2）图书馆线上课堂

短视频以其操作快捷方便、内容短小精练而为人们所喜爱，而图书馆朝着智慧化和智能化的发展需要融合当下新兴技术。图书馆线上课堂也就是图书馆线上 App 采用短视频的方式给读者呈现所想要了解的内容知识。当下虽然有众多的视频客户端，如腾讯视频、爱奇艺、优酷视频等，但是这些视频客户端采取的是大众商业化模式，很多视频内容需要充值 VIP 才能观看，而且这些视频客户端关于学习的内容匮乏。智慧图书馆可开展线上学习课堂，收集相关的学习视频存入图书馆视频库，为读者免费提供视频学习。然而，学习视频并不是完全免费的，为激励读者的学习热情可采用观看时长兑金币的策略，例如每观看 20 分钟兑 4 个金币，以此类推，等到读者要观看下一个视频时需要拿 n 个金币来兑换，采取这种策略有利于激发读者的学习兴趣，推动图书馆视频的合理利用，减少视频资源的浪费，对于高校图书馆和省级公共图书馆是一个不错的选择。

（3）互联互通资源共享

知识经济发展的今天，信息资源在不断优化，学科也在趋向细化，有多重交叉学科、边缘学科、从原先学科分化出的新学科或独立的新兴学科。因此，图书馆的信息资源也要处于动态储藏的过程，面对繁多的信息资源，图书馆单凭一己之力不能全面获取新的资源来覆盖读者的需求。各个图书馆资源的整合能够最大程度上满足读者需求，区域间图书馆的互联互通能够实现资源共享，可最大化地提高读者资源获取率。例如江西的昌北高校联盟，江西的七所大学图书馆资源互通，如果读者所在的学校图书馆搜索不到读者想要的文献资源，而其他六所学校中有这些资源，读者可以在页面向其他六所学校申请文献资源，申请的资源一般不超过 24 小时便会发送到读者邮箱。各图书馆资源的互联互通不仅可以实现各馆的优势互补，丰富馆藏资源，降低图书馆馆藏资源管理成本，极大程度地方便读者资源需求，也有利于智慧图书馆微服务平台的建设，促进智慧服务的实现。

7.3 智慧图书馆微服务体系服务建设的策略

智慧图书馆的创新服务是满足读者追求阅读新体验以及获取资源便捷高效的集中体现，而图书馆的创新服务又来自服务内容设计的创新。设计创新服务内容的过程总会存在一些难题，以下是本书对智慧图书馆微服务体系服务建设提出的两点策略。

7.3.1 借助新科技发展，加快微服务内容更新

科技发展的面貌日新月异，城市的发展依赖信息科技的综合应用。2019 年开始推行的 5G 技术正在蓄势待发，各行各业瞄准 5G 时代的到来，并为其做好相应的准备，最明显的则是手机行业的相互竞争。情境感知技术也正在蓬勃发展，应用前景广阔，无论是高校图书馆还是公共图书馆都在致力于智慧图书馆的建设。然而，智慧图书馆的发展并非一帆风顺，微服务体系建设的成果、智慧化的程度不尽如人意，图书馆的智慧化服务只停留在表层的智能化层面，服务模式单一，服务创新意识缺乏，简单而普遍化的资源推送以及借还系统功能早已不能满足用户的科技享受。因此，图书馆应该要抓准时机，推出 5G 时代下智慧图书馆微服务内容，满足用户 5G 体验需求。结合新兴且发展迅猛的情

境感知技术，根据用户所处空间及用户的行为来感知用户所需指令，让用户的阅读充满科技色彩，充分了解用户所需，使这些服务充满人文情怀。用户通过 VR 设备身临其境，全方位享受智能科技与设备带来的全新阅读体验。智慧图书馆微服务内容设计需要设计者善于发现人们的需求，加快服务内容的更新步伐，从而增加图书馆的"粉丝量"。

7.3.2 协调服务开发组织，提供现代化管理的微服务平台

现代化管理的微服务平台建设是微服务内容开发与运用的基础，传统的实体图书馆服务平台在信息高速化发展的现代早已"不堪重负"，建立新一代的智慧图书馆微服务平台的呼声日益高涨。开发新一代的智慧图书馆微服务平台需要结合图书馆的发展需求，需要承载更多的新技术，如 5G 技术、情境感知技术，搭载全方位的风险评估根证。保障微服务平台平稳快速运行是这一代微服务平台建设的关键，5G 技术下的图书馆管理平台存在很多的不确定性，技术风险无法准确评估，情境感知技术在智慧图书馆的发展中应用较广，但是运行存在的风险却无法避免。因此，图书馆在智慧化的发展中需要形成自身微服务平台的发展模式，积极借鉴如大型博物馆等文化场馆的平台建设模式，加强与信息技术商家的合作，努力开发新技术下的微服务内容，同时组建微服务平台开发的技术人员团队，协调好技术开发组织的工作，缩短平台风险评估的周期。及时开展技术平台风险评估能够保障智慧图书馆微服务平台平稳快速运行，积极响应用户的服务指令。

7.4　本章小结

　　本章从 5G 个性化服务与情境感知服务探讨智慧图书馆微服务的创新服务内容。服务建设是微服务体系建设的核心，是微服务向用户输出的服务产品及内容。当下科技发展势头迅猛，新兴科技源源不断涌向大众，刚刚起步的 5G 技术已向人们展示出强大的发展前景，情境感知技术在各行各业蔓延开来。服务创新是一件实践性极强的工作，仅仅明确目的和动力并不足以推动，需要在具体工作中加强计划性，图书馆工作人员更是要仔细分析当前服务需求以及未来的发展趋势，设计新内容并在实践中不断加以调整，以推进图书馆服务内容的创新发展。

第 8 章

智慧图书馆微服务体系技术建设研究

信息化科技浪潮汹涌的今天，任何事物的发展都离不开技术的支撑。智慧图书馆微服务资源的收集、整合、推送，微服务平台服务内容的推陈出新，以及创意化的内容设计等，其背后起到推波助澜作用的正是技术层。技术建设为连接用户与智慧图书馆微服务搭起了桥梁，在智慧图书馆微服务体系建设中起到承上启下的作用。本章将介绍物联网、云计算、大数据等技术在智慧图书馆微服务中承担的重要任务以及对技术建设提出的相关策略。

8.1 智慧图书馆微服务体系技术建设的内涵

智慧图书馆微服务体系的智能化主要体现于科技在微服务的应用中，随着信息化浪潮的涌现，出现了云计算、大数据、物联网等信息技术，是智慧图书馆微服务发展的催化剂。科技的融合带给用户新的体验，革命性的服务变革改变了用户对图书馆服务的以往认知，不仅增加用户对智慧图书馆微服务的好感度，也能够提升图书馆微服务水平。技术建设贯穿智慧图书馆微服务体系建设的始终，技术的发展能为用户提供高体验性、高质量的服务内容，为用户及时推送高效、全面的信息资源。因此，智慧图书馆微服务技术建设就是综合运用即时的新兴技术，结合图书馆微服务自身服务特性，让新兴的技术能够融合到智慧图书馆微服务中，使智慧图书馆微服务的服务方式得以扩充，服务内容更加体现人文关怀，服务对象（用户）的阅读方式趋于多样化，体验感得到优化。

8.2 智慧图书馆微服务体系技术建设的主要构成

8.2.1 信息资源建设中的物联网技术

物联网在智慧图书馆中的运用分为三个层级架构：第一层是感知层，由传感器组成，如 GPS、RFID 传感器等，自动识别周围的环境与物理信息。第二层是网络传输层，即对感知层收集到的信息进行检测，确定所需信息并对其实时更新，传输到各个部门，实现不同地点的不同职能部门能够同时获取信息资源。第三层是应用层，不同的设备结合从网络传输层输送的信息进行人机交互。应用层能够为智慧图书馆提供业务管理和维护，如网络图书编目，移动图书馆定时推送消息，自助借还书等。另外，也能实现智能感知的功能，如馆内的声光控制、温度湿度的调节等，还能够根据读者用户浏览痕迹以及收藏的书目为用户推荐可能喜爱的书籍资料等。

8.2.2　信息资源检索中的 MVS 技术

视觉移动搜索（mobile visual search，MVS）是一种处理图片、视频，同时又具备定位功能的技术，以收集获取图片及视频为目标，定位用户所需，经过无线网络传输给检索视觉对象[69]。随着 web 2.0 技术的发展，移动搜索已成为信息科学领域的研究热点，特别是 MVS 成为信息检索领域重要的研究课题。目前的 MVS 技术国内外都处于研究的初级阶段，国外对于 MVS 的研究主要体现在其基础理论、技术应用及其推广上。MVS 的概念是由斯坦福大学举办的首届移动视觉搜索研讨会上提出的，随后几年国外的 MVS 技术应用随着移动网络和设备以及基础理论等的发展而不断完善，迅速介入电子商务，旅游管理等信息领域[70]。MVS 技术运用于图书馆的作用在于，其拥有的图像视频处理器可以满足读者对智慧图书馆微服务中信息检索的智能化需要，并且在处理图书信息资源的海量数据方面具有得天独厚的优势。

8.2.3　服务内容建设中的云计算及大数据分析技术

云计算是分布计算的一种，可将巨大的数据处理程序分解成多个小程序，简言之是分布计算、并行计算、负载均衡、虚拟化等计算机与网络发展的产物。当前，云计算在图书馆中的运用主要体现在：一是整合各类实体与网络资源，降低运行成本，例如服务器与互联网，信息资料等的整合能够提高移动图书馆的资源搜寻效率，各服务设备的有效整合发挥了整体大于部分的效益，大大降低了基础建设成本；二是减少软硬件的购置费用，云计算的引进益处在于能够完成所有软件的安装与升级，节省智慧图书馆的各种资源。

大数据分析简言之分为五个步骤：第一步是由监控器等提供数据源；第二步是以云计算等技术收集数据并进行存储；第三步是对收集的信息进行信息过滤，提取有价值的部分；第四步是对第三步中的信息进行价值发掘，发现用户所需知识；第五步是预测分析智慧图书馆系统运行风险、用户需求、服务模式发展趋势等，在智慧图书馆中为读者提供精准化服务，为智慧图书馆微服务体系服务内容的开发提供技术支撑。

8.3 智慧图书馆微服务体系技术建设的策略

8.3.1 融合"物联网技术创新＋改善智慧图书馆微服务信息资源推送"功能

物联网技术在智慧图书馆中的普及与运用丰富了智慧图书馆

微服务信息资源的管理方式。物联网在微服务信息资源中能够为馆内设备带来自动化，如自动化设备，馆内的灯光照明与网络连接，自动感知室内光线的明暗度来控制馆内的照明系统；移动图书馆中的感知功能则体现在通过用户的检索和浏览痕迹推荐用户可能感兴趣或所需的信息资源。物联网技术带来的不仅是实体图书馆的智能便捷，更为智慧图书馆微服务带来创新服务，如物联网技术下图书馆的图书编目、图书馆微服务资源的联网更新、为移动图书馆用户及时推送用户所需信息资源等服务功能。用户在海量的信息中筛选出自己感兴趣或是所需的信息资源是个复杂烦琐的过程，为了更好地服务读者用户，智慧图书馆微服务平台管理者需要及时了解用户的阅读及检索偏好，改善微服务信息资源推送的相关服务技术。完善的信息技术平台不仅能够高效解决用户所需，也能为智慧图书馆微服务平台带来良好口碑。

8.3.2 推广"MVS 技术建立 + 丰富智慧图书馆微服务 信息资源检索"模式

MVS 在图书馆中的运用仍在初期阶段，应用技术不够完善，然而智慧图书馆微服务是信息检索技术运用的一个重要平台，未来 MVS 技术将在智慧图书馆的发展过程中大有可为。对于 MVS 技术在智慧图书馆微服务中的发展有以下两个策略。

第一，MVS 信息检索需要多样化。随着信息科技的飞速发展，各馆开通移动图书馆等智慧图书馆微服务平台，线上线下的图书馆管理更加复杂化，特别是微服务平台本身的信息检索功能更要与时俱进，而现在相应的图书馆微服务平台上的信息检索技术仍停留在文字检索的服务模式上，忽视了如今微时代的发展特征，即海量的微视频、图片、音频等都需要容纳到信息检索的范围之内。例如读者拍到一本书的图片，通过上传图片到图书馆微服务平台，即可显示该书在图书馆的馆藏信息。

第二，建立视觉对象知识库。视觉对象知识库是 MVS 的应用支撑，结构清晰，内容完整的知识库有利于在检索的过程中检索对象与检索信息更加匹配。视觉对象知识库对于智慧图书馆微服务体系建设的意义在于：一是可以完善传统图书馆馆藏资源的建设；二是可以多样化地管理、利用图书馆资源，实现全方位的搜索。视觉对象知识库在智慧图书馆微服务体系建设中前景广阔，但是基于目前 MVS 技术的发展，充分利用及建设视觉对象知识库任重道远。

8.3.3 结合"云计算大数据提升 + 完善智慧图书馆微服务"内容建设

云计算、大数据时代的到来意味着人工智能发展进入繁荣时期。大数据对信息的处理方式为收集、存储、过滤、发掘以及预测，云计算则对所需信息进行特定程序的运行处理并得出结果。智慧图书馆微服务体现服务价值的最大焦点便是微服务内容的建设，用户享受微服务平台提供的服务内容，就会产生对微服务平台服务的感知差异即评价。结合云计算和大数据的智慧图书馆微服务的内容建设多种多样，如移动图书馆的线上座位预约，通过绑定用户身份信息，数据分析以及身份识别等步骤，用户即可在移动图书馆预约座位。根据预约后的签到情况，需要对该项服务进行改善，对用户的信用状况进行定期评价，一方面是保证图书馆座位物尽所用，另一方面是为了微服务功能更加智能化。厦门大学推出的图书馆座位预约管理系统开启了我国智慧图书馆微服务智能化的先河，在座位预约管理中对于用户违约行为，微服务平台需要对其行为进行信用分累计，违约若达到限定次数就会受到相应的违约处罚。微服务提供的服务内容及其质量是用户的关注点，因此，在微服务平台在提升服务内容多样化的同时更要改进服务中存在的不足，结合图书馆自身发展状况，关注用户的建议，逐步提高微服务平台的服务质量。

8.4 本章小结

在智慧图书馆的发展与运营中，物联网技术、MVS 技术以及云计算与大数据贯穿始终，是其运营的基础。物联网能够实现智慧图书馆微服务信息资源的多种管理方式，各部门间信息通达；MVS 技术的图片及视频处理功能能够实现信息检索智能化，海量数据处理上凸显优势；而大数据与云计算能够收集、发掘用户的使用痕迹，预测用户需求，从而更加准确地为用户提供个性化的服务。各项技术的综合运用能够发挥技术建设的优势，促进微服务体系优化升级。

第 9 章
智慧图书馆微服务体系用户感知建设研究

　　"移动化、碎片化"是当前信息时代的主要特征。图书馆为了迎合人们日益丰富的移动信息需求，开发了基于智能手机的微信公众号、微博、微视频和 App 客户端的服务方式（以下简称"三微一端"）。有关图书馆微服务平台的开发、设计、性能优化等相关研究成为热点。但随着这些微服务平台在图书馆移动信息服务领域的深入应用，对图书馆微服务平台是否满足读者的多样化需求，以及读者对微服务平台服务质量感知、满意度等问题的研究却相对匮乏。读者对服务平台的感知是提高图书馆微服务的基础，同样高质量的服务是提高读者满意度的唯一途径。在微服务体验中，不同的用户群体会有不同的服务感知，即用户感知差异。把用户感知理论运用到图书馆的微服务平台服务中，可从读者的角度改善当前图书馆的不足。因而，构建高质量微服务平台的信息服务体系是图书馆微服务平台研究的一个重要方向。本章从用户感知差异的角度探讨并实证了服务质量有助于提升图书馆微服务平台的服务水平。

9.1 智慧图书馆微服务体系用户感知建设的内涵

图书馆所提供的资源和各种微服务内容设计最终需要通过用户的体验感知检测服务质量。用户感知是用户通过体验图书馆微服务过程中对各类服务项目的满意状况、体验态度，以及对这些服务项目提出的使用意见和建议。用户感知智慧图书馆微服务建设中不可或缺的组成部分，是衡量图书馆资源与所提供服务的指标。图书馆一直遵循着"用户至上"的服务原则，用户参与到智慧图书馆微服务体系建设的过程，从使用者及享用者的角度为图书馆微服务体系构建出谋划策。用户既是图书馆服务的受体也是图书馆服务建设的主体，不同的用户群体对图书馆所提供的微服务会有不同的感知，这就是不同用户群体的感知差异。用户感知差异的存在是不可避免的，为减少用户的负面感知，图书馆应加强以服务为核心的图书馆微服务平台的推广，注重用户的信息安全问题，完善图书馆微服务的各种功能，注重平台与用户之间的互动。

9.2 智慧图书馆微服务体系用户
感知建设的主要构成

国内有不少对于图书馆信息服务质量的研究，如：基于"LibQUAL + 模型和微信服务"的特点，提出一系列的评价指标，运用德尔菲法等相关方法确定评价指数，对复旦大学图书馆微信信息服务进行剖析以改善其信息服务质量[71]；从移动互联网的思维出发，对图书馆微信移动服务进行探讨，强调转变思维和创新微信工作模式对移动图书馆的创新的重要性[72]；也有从用户感知的角度来发掘服务存在的不足，以感知理论为基础对公共档案馆服务质量的影响因素进行分析，评价公共档案馆的服务质量[73]。图书馆微服务用户对微服务平台服务质量的评价是一种感知判断的过程，用户在其感知判断的过程中依靠一系列的评判标准，个人对服务质量的感知或多或少存在差异。用户感知由以下几个方面构成。

9.2.1 微服务平台的形式质量

微服务平台的形式质量即感官体验下的界面设计、色彩搭配等，其质量具体表现在以下几点。

（1）美观性

微服务平台首先展示给用户的是服务平台的界面，界面设计简洁大方，图片和文字协调且图片具有辨识度，用户能够在短时间内找到所查询的模块，节约搜索时间，色彩搭配上既不浮夸也不过度朴素。

（2）新颖性

各个模块的应用名称表述简单，服务平台的服务内容表达形式符合人们的使用习惯，术语表达准确，推送给用户的服务内容新颖，能够不断发掘新的服务亮点。

（3）可理解性

服务内容新颖，界面设计美观的同时需要注意每个模块功能的可理解性，模块描述以及服务内容表达要准确。对于服务内容所传达的信息要保证其准确性，让用户能够清楚明了服务内容。

9.2.2　微服务平台的功能质量

微服务平台的功能质量包括服务平台服务功能的多样性、可行性和易学易用性。

（1）功能多样性

图书馆微服务平台提供功能多样的服务模式，如提供图书、期刊、报纸等文字资源，提供打印功能和设备，声音、图片、录像功能能够更好地满足用户的需要。虚拟图书馆、手势控制图书馆等各种新颖功能的配置能够更好地刺激用户的使用热情。

（2）功能可行性

微服务平台在追求功能多样性的同时，注意平台功能设计的可行性和使用性，功能设置满足用户日常资源的查询，关注用户的兴趣爱好，引用借鉴其他领域相关技术，结合图书馆的发展状况及用户的实际需求开发新功能。

（3）易学易用性

其一是微服务平台界面模块操作的易懂性，可操作性强，用户学习使用的时间期限较短。其二是平台向用户传达的信息结构简洁，用户能够完全掌握信息内容，且内容的传达可供用户学习。

9.2.3 微服务平台的技术成熟质量

技术成熟质量包括平台的稳定性和信息反馈速度。

（1）稳定性

平台在运行过程中出现的错误频率越低，响应用户使用需求越快，平台运营就越稳定。确保微服务平台在技术上的成熟度，避免在用户的使用过程中出现网络不稳定、平台漏洞等问题以致消磨用户的使用耐心。

（2）信息反馈速度

任何一件事物都会存在不足，微服务平台也是如此，在追求完美的过程中，服务平台密切关注用户的使用感知状况，及时查阅用户的使用效果说明，及时回复用户的意见，结合实际合理采纳用户的建议，使用户切身体验参与智慧图书馆微服务改造的乐趣。

9.2.4 微服务平台的效用质量

效用质量包括用户与平台的交互性、平台的个性化体现，以及微服务平台中情境感知技术的运用状况。

（1）交互性

即用户与平台之间密切联系，平台向用户推送新的服务内容，如语音导航，用户直接语音实现任务搜索，用户语音留言平台，平台及时回复用户留言。用户在督促平台改善的同时强化了自身使用者与建设者的意识。

（2）个性化

互联网、云计算、大数据的发展带给人们全新的服务体验，由最开始的上下文感知推荐以解决信息过载问题，到个性化推荐满足用户个性服务，个性化服务引领行业潮流。智慧图书馆中个性化表现为平台在信息检索和展示信息等方面支持用户根据自己的偏好进行定制。

（3）情境感知

情境感知功能在智慧图书馆中的运用表现为平台能够依靠收集到的信息对用户的行为更细致地"猜测"，收集的信息如用户阅读习惯、浏览的信息类别、用户的使用建议等，以此为基础向用户推送其感兴趣的内容。

9.3 智慧图书馆微服务体系用户感知建设实证研究

为了更好地体现不同的用户群体对智慧图书馆微服务的感知差异，本节以某高校图书馆为例，对微服务建设中的感知差异进行实证研究。

9.3.1 观测量表的设计

用户对图书馆微服务平台服务质量的评价是一个主观感知判

断的过程。用户在此过程中是依靠一系列的评判标准来进行感受的。个人对服务质量的感知存在差异。为了更好地体现感知差异性，反映客观事实，本书设计了一份调查问卷，调查了江西省属重点大学的在校学生对图书馆微服务平台的使用和感知情况。通过问卷调查结合访谈法，并参考了郑德俊、王硕[74]的多维多层移动图书馆服务质量观测量表，整理出包含了 4 个大维度和 12 个子维度的观测量表来描述高校图书馆微服务平台服务质量的感知差异，如表 9 - 1 所示。

表 9 - 1　　高校图书馆微服务平台质量感知及评价的测评维度

一级维度	二级维度	维度描述
形式质量	新颖性	内容表达形式新颖
	美观性	界面和内容展现美观
	可理解性	表达的信息内容易于理解接受
功能质量	功能多样性	提供图书、期刊、报纸、文字、声音等多种类型的信息资源
	功能可行性	平台服务功能的实用性
	易学易用性	平台的信息结构和界面的易懂性、用户操作便利性、可学习性等
技术成熟质量	安全性	用户的隐私信息受保护程度
	稳定性	平台出错误的频率，平台响应性
	信息反馈	对于用户的建议和意见的反应速度
效用质量	交互性	用户与平台的信息互动
	个性化	平台在信息检索和展示信息等方面支持用户根据自己的偏好进行定制
	情境感知	平台能够依靠收集到的信息对用户的行为更细致地"猜测"，推送用户感兴趣的内容

9.3.2　数据来源及可靠性分析

9.3.2.1　数据采集与描述性统计分析

（1）样本统计描述分析

本研究的目的是测评高校图书馆微服务平台服务质量及调查用户的感知差异，以某高校为调查范围，向在校的本科生和研究生发放问卷调查并进行访谈，调查时间为 2017 年 11 月。此次调查共发放问卷 480 份，其中 416 份有效，相关基础数据如表 9－2 所示。

表 9－2　　　　　　　　　调查样本基本情况描述统计

描述项目	统计类别	人数	百分比（%）
性别	男	300	72.12
	女	116	27.88
年级	大一	48	11.54
	大二	104	25.00
	大三	92	22.12
	大四	100	24.04
	研究生	72	17.31
专业	人文类	156	37.50
	理工类	224	53.85
	其他	36	8.65
有使用过微服务平台	有	384	92.31
	没有	32	7.69

注：数据来源于问卷调查。

（2）观测变量描述性统计分析

通过 SPSS 软件对高校图书馆微服务平台服务质量的感知差异模型和测评维度进行描述分析，得到各指标变量的均值、极大值、极小值和标准差。各个统计项目即 1~23 项都是根据量表设计的相关 23 个选择题，也是下文中的 23 个观测统计。这 23 个观测项目分别是：①提供移动网络设施；②表达形式和内容新颖；③界面布局合理美观；④表达的内容能够理解和接受；⑤提供图书、期刊等多种类型的信息资源；⑥提供文字、声音等多种类型的信息资源；⑦提供图书借阅查询、讲座预告等资讯信息；⑧提供语音、拍照等多种文献检索方式；⑨提供文献的在线阅读服务；⑩提供文献的全文下载服务；⑪提供的服务功能是有用的，能满足用户所需；⑫可以帮助提供有效资源；⑬界面清晰易懂、操作简单；⑭用户的信息受到很好保护；⑮出错频率较低；⑯开通用户的反映渠道；⑰对用户的反馈信息响应速度快；⑱互动很好；⑲关注和理解用户的个性化需求；⑳具备收集用户阅读和浏览习惯的功能；㉑能够根据用户的阅读习惯和浏览状况推送用户感兴趣的内容；㉒服务人员的态度是热情友好的；㉓服务人员能够准确理解并解决用户的信息需求和问题。利用 SPSS 软件对图书馆微服务平台质量感知及评价的测评维度量表及其框架中的二级评价维度进行了描述统计分析。统计发现用户对于微服务平台质量感知及评价存在差异。对 416 份数据做基本的均值和方差分析，从均值来看，用户对于移动图书馆 12 个子维度的感知均值在 2.4~3.1，满意度适中。其中，对于"具备收集用户阅读和浏览习惯的功能""能够根据用户的阅读习惯和浏览状况推送用户感兴趣的内容"和"服务人员能够准确理解并解决用户的信息需求和问题"这三项来说最为不满意。这三个序列分别对应微服务平台具备搜集用户阅读和浏览习惯的功能,微服务平台能够根据用户的阅读习惯和浏览状况推送用户感兴趣的内容和微服务平台服务人员能够准确理解并解决用户的信息需求和问题,而这三个问题对应的是情境感知和交互性这两个二级维度,其正是本节要探讨的用户对微服务平台质量的感知存在差异的问题。

9.3.2.2 模型检验与分析

(1)信度与效度检验

运用 SPSS 软件和 Cronbacha 系数检验问卷的可靠性与有效性。整个量表的 Cronbacha 系数为 0.925,大于 0.7,表明问卷可信度非常高,可以对框架和量表做进一步分析。在内容的效度方面,本研究问卷中所有指标变量所对应的题目都是依据前人的相关实证分析与前期的相关调查分析设计的,为保证问卷的科学性,在后期又经过信度分析,仍然显示各变量具有可靠性,所以推断本研究问卷具有相对的内容效度[75]。

(2)因子分析实用性检验

探索性因子分析法(exploratory factor analysis,EFA)是一项用来找出多元观测变量的本质结构并进行处理降维的技术。本研究利用探索性因子法,试探性分析所收集的数据,用验证性因子分析来做进一步检验。因此在因子分析之前,进行 KMO 和 Bertlett 球形检验,测度变量之间是否具有较强的相关性和独立性,并从中找出具有代表性的因子。本研究样本巴特利球形检验

的近似卡方值为 1215.869，自由度为 253，显著性水平近似为 0
并小于 0.01，因子贡献率较高，适合做因子分析，因此问卷具有
结构效度，能够继续进行因子分析。

9.3.3　高校图书馆微服务平台服务质量感知差异的
　　　　框架检验与分析

　　运用 SPSS 软件对样本进行降维——因子分析，得到公因子
方差。一般来说，特征值小于 1 就不再选作主成分。Kaiser 准则
要求各项的变量平均共同度最好在 70%，如果样本量大于 250，
平均共同度在 60% 符合要求。根据这一准则，本项研究的样本量
为 416，23 项变量的提取值均值为 59.44%，没有达到平均共同
度 60% 的要求。但是在这一公因子方差表中可知，第 23 项变量
"服务人员能够准确理解并解决用户的信息需求和问题"为
0.335，为各项变量中最低值，如果去掉这个最低值项，平均共
同度为 60.62%，达到准则要求，说明这 22 个公共因子对指标的
变量描述程度较好。综合考虑，决定去除最后一项，再进行下一
步分析。对于萃取公共因子，在这里萃取了特征值大于 14 个因
子，累计总方差解释度为 59.443%，可以较好代表原始指标变
量，如表 9-3 所示。

　　采用最大方差法正交旋转，得到旋转后的因子载荷矩阵，其
中经以上数据分析去除第 23 项后的 22 个总变量中有两个指标变
量的最高载荷系数小于 0.45（即第 2 项的"表达形式""内容新
颖"和第 15 项的"微服务平台的出错频率较低"），所以去除。

表 9 - 3   总方差解释

成分	初始特征值			提取平方和载入			旋转平方和载入		
	合计	方差（%）	累计（%）	合计	方差（%）	累计（%）	合计	方差（%）	累计（%）
1	9.454	41.105	41.105	9.454	41.105	41.105	3.879	16.863	16.863
2	1.545	6.719	47.824	1.545	6.719	47.824	3.859	16.777	33.641
3	1.470	6.392	54.215	1.470	6.392	54.215	3.171	13.785	47.425
4	1.202	5.227	59.443	1.202	5.227	59.443	2.764	12.017	59.443

注：数据来源于问卷调查。

经过旋转矩阵可以确定公共因子，得到指标变量因子分析结果，如表 9 - 4 所示。根据表 9 - 4 的因子分析结果可知，整个原始模型的维度可以由 4 个载荷因子来解释。载荷因子 1 包括了表 9 - 4 中指标变量的第 5、第 6、第 22、第 7、第 16、第 14、第 11 项，对于这些因子观测量表，大部分是落于原始模型（即原观测量表）的功能质量维度上，所以除了"线上服务人员态度是热情友好的"和"开通用户的反映渠道"这两项，其他的可以归类于功能质量上。载荷因子 2 包括指标变量的第 4、第 3、第 12、第 13、第 1、第 9 项，包括了原始模型中的形式质量的所有内容（除了在分析中已剔除的"表达形式"和"内容新颖"及部分功能质量的内容），这也说明形式体验直接影响到用户的满意度和感知差异。载荷因子 3 包括指标变量"关注和理解用户的个性化需求""互动很好""对用户的反馈信息反应速度快"，把这三点统一为一个载荷因子，说明用户对于图书馆微服务平台的效用质量非常关心，需要图书馆把传统模式和现代网络技术相结合，为其创造出一个更舒适便捷的阅读环境。

表 9 – 4 　　　　　　　　　　　指标变量因子分析结果

指标变量	成分			
	1	2	3	4
5 提供图书、期刊等多种类型的信息资源	0.784			
6 提供文字、声音等多种类型的信息资源	0.702			
22 服务人员的态度是热情友好的	0.671			
7 提供图书借阅查询、讲座预告等资讯信息	0.617			
16 开通用户的反映渠道	0.521			
14 用户的信息受到很好保护	0.509			
11 提供的服务功能是有用的，能满足用户所需	0.507			
4 表达的内容能够理解和接受		0.815		
3 界面布局合理美观		0.696		
12 可以帮助提供有效获取资源		0.677		
13 界面清晰易懂、操作简单		0.617		
1 提供移动网络设施		0.568		
9 提供文献的在线阅读服务		0.536		
19 关注和理解用户的个性化需求			0.807	
18 互动很好			0.723	
17 对用户的反馈信息响应速度快			0.705	
8 提供语音、拍照等多种文献检索方式				0.708
10 提供文献的全文下载服务				0.667
20 具备收集用户阅读和浏览习惯的功能				0.558
21 能够根据用户的阅读习惯和浏览状况推送用户感兴趣的内容				0.496

注：数据来源于问卷调查。

载荷因子4包括：第8、第10项是原始模型中功能质量的功能可行性观测子维度，第20、第21项是效用质量中的情境感知观测子维度。用户把这4个指标变量放在一起，可能是认为功能可行性高效才能促进情境感知的发展。根据以上的分析，对于这一观测量表进行整理和拆分，得到量表9－5。与原始量表相比，修正后的量表能更加全面反映高校图书馆微服务平台服务质量的各个方面，而且也能从用户的角度出发，对高校图书馆微服务平台服务质量作出比较系统的评价。

表9－5　　高校图书馆微服务平台质量感知及评价的测评维度修改

一级维度	二级维度	三级维度
形式质量	基础性	提供移动网络设施；提供语音、拍照、等多种文献检索方式；提供文献的在线阅读服务；提供文献的全文下载服务；可以帮助提供有效获取资源
	美观易懂性	界面布局合理美观；界面清晰易懂、操作简单
	可理解性	表达的内容是能够理解和接受
功能质量	功能多样性	提供图书、期刊等多种类型的信息资源；提供文字、声音等多种类型的信息资源；提供图书借阅查询、讲座预告等资讯信息
	功能可行性	提供的服务功能是有用的，能满足用户所需
	安全性	用户的信息受到很好保
效用质量	信息反馈	开通用户的反映渠道；对用户的反馈信息响应速度快
	交互性	用户与平台互动很好；线上服务人员态度是热情友好的
	个性化	关注和理解用户的个性化需求
认知质量	情境感知	具备收集用户阅读和浏览习惯的功；能够根据用户的阅读习惯和浏览状况推送用户感兴趣的内容

9.3.4 用户感知差异性分析

（1）用户性别对微服务平台感知差异的分析

假设用户的性别对微服务感知差异存在影响。如表 9 – 6 所示，在总样本中，男生有 300 人，女生有 116 人，对性别与各观测变量进行了方差方程的 Levene 检验和 t 检验。观察表 9 – 6 发现方差齐性检验（即方差方程的 Levene 检验）中的 p 值几乎都大于 0.05，只有"对用户的信息受到保护"和"服务人员的态度热情"这两个观测子维度的 p 值小于 0.05，说明这两个观测子维度可以拒绝接受方差齐性假设，可选择假设方差不相等的 t 值，其他子维度选择方差相等的 t 值。在 t 检验的结果中，"用户的信息受到保护""服务人员的态度热情"和"对用户的反馈信息响应速度快"这 3 个观测子维度的双尾概率 p 值都小于 0.05，达到 0.05 的显著水平，说明男女对这 3 个子维度存在感知差异，而且 t 值均为负值，说明男女生在这三个问题上存在差异，而女生明显比男生更注重用户信息安全问题、对反馈信息响应速度和服务人员态度问题。

表 9 – 6　用户性别对高校图书馆微服务平台服务质量的影响

检测变量	性别	均值	标准差	方差方程的 Levene 检验		t 检验	
				F 值	p 值	t 值	p 值
提供移动网络设施	男	2.44	1.211	0.090	0.764	0.229	0.819
	女	2.38	1.208				

续表

检测变量	性别	均值	标准差	方差方程的 Levene 检验		t 检验	
				F 值	p 值	t 值	p 值
界面布局合理 美观	男	2.81	1.062	0.685	0.410	0.510	0.611
	女	2.69	1.228				
内容能够理解 接受	男	2.51	1.083	0.819	0.367	1.137	0.258
	女	2.24	1.023				
提供图书期刊 等资源	男	2.45	1.069	0.668	0.416	−0.833	0.407
	女	2.66	1.203				
提供文字声音等 资源	男	2.76	1.063	0.526	0.470	−1.145	0.255
	女	3.03	1.180				
提供图书借阅查询 讲座预告等资讯	男	2.61	1.138	0.392	0.533	−0.312	0.756
	女	2.69	1.072				
提供语音拍照等 方式	男	2.89	1.226	0.522	0.472	0.250	0.803
	女	2.83	1.136				
提供文献在线 阅读	男	3.00	1.208	0.724	0.397	0.382	0.703
	女	2.90	1.319				
文献可全文下载	男	2.79	1.177	1.003	0.319	0.938	0.350
	女	2.55	1.055				
所提供的功能有用 且能满足用户所需	男	2.71	0.941	0.090	0.764	0.928	0.355
	女	2.52	0.911				
帮助提供有效 资源	男	2.64	1.086	0.068	0.794	−0.640	0.524
	女	2.79	1.114				
界面清晰易懂 操作简单	男	2.68	1.141	0.255	0.614	0.521	0.604
	女	2.55	1.088				
用户信息受到 保护	男	2.63	1.217	6.347	0.013		
	女	2.69	0.891			−0.290	0.017

续表

检测变量	性别	均值	标准差	方差方程的Levene 检验		t 检验	
				F 值	p 值	t 值	p 值
开通用户反映渠道	男	2.83	1.045	0.349	0.556	−0.156	0.877
	女	2.86	1.026				
对用户反馈信息响应速度快	男	2.75	1.164	0.322	0.572	−1.709	0.009
	女	3.17	1.071				
互动很好	男	2.84	1.239	1.202	0.275	−0.352	0.726
	女	2.93	1.132				
关注理解用户个性化	男	2.78	1.050	0.138	0.711	−0.184	0.854
	女	2.83	1.167				
收集用户阅读和浏览习惯的功能	男	3.00	1.170	1.564	0.214	0.989	0.325
	女	2.76	0.951				
推送用户感兴趣的内容	男	2.96	1.128	1.058	0.306	−0.599	0.550
	女	3.10	1.012				
服务人员态度热情	男	2.69	1.313	5.913	0.017		
	女	2.83	0.966			−0.588	0.025

注：数据来源于问卷调查。

（2）年级对高校图书馆微服务平台服务质量的影响

本研究调查的对象的专业有航空制造、飞行器等理工科专业，还有经济管理、文法等文科专业。本研究对这些专业进行了统计检验分析，但没有发现明显差异。下文内容从用户的年级角度出发，探讨不同的学习阶段对服务平台的感知差异的影响。此次调查的用户主要为本科生和研究生，调查结果如表 9 - 7 所示。

在调查样本中，本科生有 344 人，研究生有 72 人。从表 9 - 7

中可以看出，方差齐性检验中的维度双尾概率 p 值在 0.05 下的
测评子维度有：内容能够理解接受；提供图书借阅查询讲座预告
等资讯；服务人员态度热情。达到 0.05 的显著水平说明这 3 个
子维度可以拒绝方差齐性假设，选择方差不相等的 t 值，其他选
择方差相等的 t 值。在 t 检验的结果中显示，观测子维度的双尾
概率 p 值小于 0.05 的有提供图书期刊等资源、提供文献在线阅
读、文献可全文下载、所提供的功能有用且能满足用户所需、用
户信息受到保护这 5 个观测子维度。从其 t 值来看，均为负值，
说明本科生与研究生在对待这 5 个观测子维度上是存在差异的，
而且研究生感知的质量高于本科生。而这 5 个子维度对应的二级
维度分别是功能多样性、基础性、功能可行性和安全性，研究生
对于图书馆微服务平台的服务质量感知更重视这 4 个二级维度。

表 9 - 7　　　　　　　　用户的年级对微服务平台的感知差异

检测变量	年级	均值	标准差	方差方程的 Levene 检验		t 检验	
				F 值	p 值	t 值	p 值
提供移动网络设施	本科生	2.42	1.251	1.667	0.200	− 0.082	0.935
	研究生	2.44	0.984				
界面布局合理美观	本科生	2.81	1.122	0.000	0.998	0.706	0.482
	研究生	2.61	1.037				
内容能够理解接受	本科生	2.45	1.144	7.652	0.007		
	研究生	2.33	0.594			0.644	0.523
提供图书期刊等资源	本科生	2.38	1.118	3.553	0.062	− 2.608	0.010
	研究生	3.11	0.832				

续表

检测变量	年级	均值	标准差	方差方程的Levene检验		t检验	
				F值	p值	t值	p值
提供文字声音等资源	本科生	2.78	1.131	3.258	0.074	-1.169	0.245
	研究生	3.11	0.900				
提供图书借阅查询讲座预告等资讯	本科生	2.62	1.170	3.978	0.049		
	研究生	2.72	0.826			-0.457	0.651
提供语音拍照等方式	本科生	2.81	1.193	0.021	0.884	-1.139	0.257
	研究生	3.17	1.200				
提供文献在线阅读	本科生	2.87	1.244	0.121	0.729	-1.809	0.013
	研究生	3.44	1.097				
文献可全文下载	本科生	2.60	1.151	0.929	0.337	-2.317	0.023
	研究生	3.28	0.958				
所提供的功能有用且能满足用户所需	本科生	2.56	0.915	1.246	0.267	-2.337	0.021
	研究生	3.11	0.900				
帮助提供有效资源	本科生	2.65	1.125	1.355	0.247	-0.643	0.522
	研究生	2.83	0.924				
界面清晰易懂操作简单	本科生	2.58	1.142	1.966	0.164	-1.251	0.214
	研究生	2.94	0.998				
用户信息受到保护	本科生	2.56	1.144	1.490	0.225	-1.712	0.020
	研究生	3.06	0.998				
开通用户反映渠道	本科生	2.80	1.072	3.083	0.082	-0.736	0.464
	研究生	3.00	0.840				
对用户反馈信息响应速度快	本科生	2.81	1.183	1.566	0.214	-0.997	0.321
	研究生	3.11	0.963			1	
互动很好	本科生	2.79	1.238	2.105	0.150	-1.397	0.166
	研究生	3.24	0.970				

续表

检测变量	年级	均值	标准差	方差方程的 Levene 检验		t 检验	
				F 值	p 值	t 值	p 值
关注理解用户个性化	本科生	2.77	1.092	0.337	0.563	- 0.605	0.547
	研究生	2.94	1.029				
收集用户阅读和浏览习惯的功能	本科生	2.88	1.152	0.836	0.363	- 0.990	0.324
	研究生	3.18	0.883				
推送用户感兴趣的内容	本科生	3.01	1.143	2.377	0.126	0.242	0.810
	研究生	2.94	0.827				
服务人员态度热情	本科生	2.66	1.271	6.204	0.014		
	研究生	3.06	0.899			- 1.537	0.135

注：数据来源于问卷调查。

9.4 智慧图书馆微服务体系用户感知建设的策略

从以上的高校图书馆微服务平台感知差异的实证研究中可以看出，用户对于图书馆微服务的感知差异在一定程度上是存在的。由此及彼，图书馆微服务的用户感知差异是存在的。

9.4.1 加强以服务为核心的图书馆微服务平台的推广

对用户的培训和服务推广是提升图书馆微服务平台服务质量感知的重要方面。从前文分析中可知，研究生对于图书馆微服务平台的功能多样性、功能的可行性、基础功能和安全性有更高的感知质量，是因为研究生使用微服务平台的概率更高、次数更多。由此可以看出用户的感知差异和使用微服务平台的频率有关，因此可以鼓励更多的潜在用户使用微服务平台，在频繁的使用中增强对平台服务质量的感知，以便对服务平台的改进提出更有效的建议。图书馆微服务平台的推广即加强图书馆微服务的营销，与用户保持长期有效的战略关系。首先要完善服务推广保障机制，保证数字文化经费投入充足。其次要加强新媒体对图书馆微服务的宣传，让更多的大众了解微服务的便捷之处，从而成为微服务的用户，一是制作宣传文化网站，二是通过多种渠道来宣传推广智慧图书馆微服务，如微信推送，图书馆书月活动讲座的宣传等。改善图书馆微服务质量是提高用户感知的关键，这需要微服务平台的推广人员根据不同的对象采取不同的推广措施：对于低满意度的用户，可以通过改善微服务平台的界面设置，让界面更加清晰易懂，同时，多方位展示平台所持有的资源，减少用户因搜寻某项服务而消耗的时间；对于满意度较高的用户，则以激励政策为主，例如邀请一个好友加入微服务平台就会获得积分或奖励等，从而带动身边的同学、同事使用微服务平台。

9.4.2 图书馆微服务平台应注重用户的信息安全问题

根据前文分析，女生比男生、研究生比本科生更加注重用户的信息是否受到保护，突出了图书馆微服务平台安全性这一问题。图书馆通过社会网络平台为图书馆提供延伸服务、提升信息服务质量、增加机遇的同时，也使图书馆资源和系统面临着更多的复杂性和不确定性，可能降低服务效率以及出现泄露用户信息等问题[76]。图书馆微信公众号平台、图书馆微博以及各种图书馆手机客户端等，在使用的过程中需要用户授予相关的权利，如需要获取用户使用头像、手机信息、相片等，如果这些微服务不加强平台的安全性，一旦系统被破坏或者出现问题，用户的信息就会有泄露的危险。安全的技术环境也会给用户带来更好的服务感知和更高的满意度，同时吸引更多的新用户参与图书馆的微服务。微服务平台在运营时，应定期进行漏洞修复，在技术上避免出现安全隐患。

9.4.3 完善图书馆微服务的各种功能，注重平台与用户之间的互动

功能多样性是用户是否使用图书馆微服务的重要指标。功能的多样不但能为用户提供更多的图书咨询和书籍文献信息，而且能给读者带来更大的便利性。发掘新的功能和不断完善已有的功能，可以给读者带来视觉和精神的享受。结合互联网、物联网环境下的虚拟图书馆、3D 体验室等各种新兴的视觉、听觉体验技术，刺激进馆（线上线下）学习用户的学习兴趣。图书馆微服务多功能的实现不仅带给用户良好的体验，更能在用户中形成较好的口碑，形成蝴蝶效应，让更多的用户加入图书馆微服务的体验中。同时，对一些互动项目，如及时处理用户的反馈信息，后台的人工或机器服务积极响应用户的需求，保持良好的服务态度

等，可以采用打分机制，用户对图书馆服务进行满意度打分，以督促图书馆人工服务更加科学、合理、有效，实现图书馆微服务平台与用户之间的良好互动。

9.5　本章小结

本章从用户感知的角度来审视微服务提供的服务质量，微服务平台提供的服务产品最终由用户来评价。本章就用户感知问题设计调查问卷，以某高校为例进行实证研究，就图书馆服务设计问卷，设计观测量表，收集问卷数据，利用 SPSS 软件对数据进行分析、检验。数据表明用户的感知差异是存在的，用户年级、性别的不同对智慧图书馆微服务的感知差异是不同的，由此建议微服务平台加强微服务的内容优化及设计，注重用户信息安全，提供用户与服务平台之间的互动空间，形成良好的反馈机制。

第 10 章
"轻应用"背景下智慧图书馆
微服务体系运行策略

本章依据上述章节的研究成果，以智慧图书馆微服务体系要素为基础，结合"轻应用"背景下智慧图书馆微服务实践情况，从加强微服务专业团队建设、开展多层次微服务、优化图书馆微信小程序、夯实图书馆物质资源基础以及建立健全管理机制与保障机制五个方面提出智慧图书馆微服务体系运行策略，为智慧图书馆微服务的开展提供参考借鉴。

10.1　加强微服务专业团队建设

微服务专业团队是智慧图书馆微服务体系的建设主体，由智慧馆员、管理运营人员以及信息技术人才等专业人员共同构成，负责微服务开展过程中各环节的工作，其专业知识水平、业务能力、服务水平等均会影响智慧图书馆微服务建设工作。因此，图书馆需要不断加强微服务专业团队建设，具体可以采取以下策略。

（1）注重培养复合型馆员

为促进微服务建设工作高质量发展，智慧图书馆需注重提升馆员的职业素养，培养出更多业务能力强、服务意识高的复合型人才。首先要采用理论与实践相结合的方式，积极开展与微服务建设相关的专项培训。专项培训应结合智慧图书馆微服务建设工作的实际情况，开设与小程序服务平台开发维护、运营管理等方面的培训课程，还应该关注微服务建设领域的前沿理念与技术，开设新技术、新理念等相关知识的培训课程。其次应加强馆员的职业道德培养，提高馆员的服务意识和责任意识，以更加饱满的工作状态服务于广大用户。

（2）广泛招纳优秀人才

邀请高校科研人员等高层次人才参与智慧图书馆微服务工作，同时邀请微服务专家学者或微服务建设示范馆馆长进行图书馆微服务建设工作的经验交流分享，借助图书馆的科研人员辅助开展服务。同时，对优秀人才的引进设置严格的选用标准，确保吸纳进来的优秀人才符合微服务专业团队的要求，以提升图书馆服务质量。

（3）创新微服务团队的组织形式

智慧图书馆可以采用灵活多样的服务团队组建机制，以兼具信息技术和微服务能力的复合型馆员为团队核心，并以馆内其他工作人员作为辅助人员，形成一个高水平的微服务专业团队。还可以根据微服务内容组建线上服务小组和线上线下融合服务小组，细化各自工作内容，整合相关领域的人才。

10.2 开展多层次微服务内容

目前，智慧图书馆在传统读者服务的基础上开展了听书、视频等微服务，取得了较好的效果，但在探索开展符合自身特色的微服务方面还存在不足，同时在开展线上线下融合服务方面做得也不够好。智慧图书馆要利用馆内特色资源，并结合微信小程序的特点，积极探索开展特色服务以及线上线下融合服务，才能形成竞争优势，为更多用户提供服务。在多层次微服务方面，可以采取以下策略。

（1）积极探索开展特色服务

依据馆内特色资源储备，寻找特色服务的立足点，开展特色服务。例如江西省图书馆利用丰富的馆藏红色文献资源，开展了红色文创展示、红色场景体验、红色影音欣赏、红色文献阅读等八大特色服务。另外，可以利用馆内配置的人工智能设备，为用户提供特色化的服务，例如重庆图书馆采用置顶式 RFID 超高频芯片感知设备、AI 摄像头感知设备，通过智能数据分类算法，主动收集、关联读者及图书信息，实现读者不需要驻足停留，在无感知状态下进行图书自动借阅，为读者提供智慧、便捷的全程无感体验，极大地提高了图书馆服务效率。

（2）开展线上线下融合服务

对于传统的图书借阅服务，智慧图书馆可以实现线上预约、线下取书融合服务。用户可以在线上小程序服务平台进行预约，然后到馆取书，也可以采用线下到家的方式，这些都可以利用小程序来使服务流程进一步优化。还可以结合馆内人工智能机器人，根据用户在馆内的实时位置，将用户预约借阅的图书传递到用户手上。智慧图书馆还可以利用小程序的位置服务能力，优化阅读交流线上线下融合服务，为读者找到附近的书友，满足读者与书友交流分享的需求。也可以设置好阅读地图，展示附近的书友会、免费书吧等阅读机构以及附近的阅读推广活动，如读书分享会等。另外，智慧图书馆还可以借助小程序开展座位预约、指导讲座预约、现实增强服务等线上线下融合服务，用户可以实现线上进行活动预约，然后线下体验服务，这样可以简化用户获取服务的流程，能够显著地提升用户的体验感。

10.3　优化图书馆微信小程序

在智慧图书馆微服务工作开展过程中，小程序是微服务内容呈现的载体，扮演着连接智慧图书馆与用户桥梁的角色，起着至关重要的作用。但目前智慧图书馆微信小程序在具体服务功能方面仍存在一些问题。为提高智慧图书馆利用小程序进行微服务的水平，更好地满足用户服务需求，现提出以下优化策略来完善智慧图书馆微信小程序的服务功能。

（1）丰富服务功能与内容

作为专为用户提供服务的智慧图书馆，应从用户角度出发，优化小程序，为用户提供实用性的服务功能。一是小程序界面设计美观化。智慧图书馆要有专业人员对小程序的界面进行设计。小程序的基本信息要全面，例如头像和名称，要契合所属智慧图书馆，界面的颜色搭配、字体选用都要合理，需针对不同群体设计不同的版本，方便用户正常预览。二是功能布局合理化。在小程序功能设置上，要做到信息与服务相统一，让用户在图书馆小程序中既可以获取公告信息，又可以通过绑定账号获取微服务内容。在版式上，要做到入口清晰可见，让用户在最短时间内获取所需服务。三是充分发挥内嵌于微信的优势。借助微信用户使用频率高的特点，加强用户黏性。同时，可将微信公众号与小程序互联，打造一站式服务，提高服务的便捷性。

（2）提高小程序服务质量

一是要做到提供的信息全面准确，并且能够及时更新，保证用户随时都可以获取想要的信息。二是要做到提高服务的个性化程度，避免与其他平台服务内容的同质化，可通过设置个性化主页或根据用户的个人信息，实现对不同群体或者个人推送个性化书单、学术专题讲座等个性化服务。

（3）加强小程序的推广普及

除了重视小程序的开发维护，智慧图书馆还应该重视小程序的推广，吸引更多的用户关注。智慧图书馆可以通过在馆内张贴宣传海报、在官网加上小程序入口二维码以及官微附小程序码等方式进行推广，还可以将微信公众号与小程序实现互联。

10.4　完善图书馆配套设施设备

在"轻应用"背景下，智慧图书馆需要通过小程序开展微服务建设工作，给用户提供更加个性化、智能化及便捷化的微服务内容，这对图书馆配套的基础设施设备提出了更高的要求。因此，为了保障智慧图书馆微服务建设工作更好的实施，智慧图书馆必须坚固自身能力基础，完善配套基础设施设备，给"轻应用"背景下智慧图书微服务建设工作营造良好的资源供给环境，提升微服务水平。在完善配套设施方面，可以采取以下策略。

（1）添置数据采集设备

智慧图书馆微服务的主要特点就是可以给用户提供个性化、精准化的信息服务，对于用户学习大数据、行为数据的收集是非常有必要的。因此，智慧图书馆可以添置更多的数据采集设备，如可穿戴式设备、人脸识别设备、物联网 RFID 传感器，合理配置共建人脸识别系统。这样不仅可以打通与馆内相关硬件系统、语音（广播）系统、图书信息管理系统、安监系统之间的联动，实时监控馆内通道门禁、自助服务设备、人流、黑名单人员的状态，后台也能识别读者身份，收集用户学习大数据，以期刻画用户学习行为画像，配合智慧馆员、馆内智能化设备、轻应用服务平台给用户进行个性化服务推荐和引导，提高图书馆的微服务效率。

（2）配置更多人工智能设备

智慧图书馆想要实现智慧化服务，实现线上轻应用平台与线下服务高效链接，应该配置更多的智能化设备，如人工智能机器人，实现用户线上小程序预约服务，线下体验服务。同时，人工智能机器人还可以与用户进行人机互动，开展咨询解答服务。另外，可针对不同用户群体，配备相对应的智能化服务设备，如针对老年群体，可配置智能阅读设备，大屏幕大字体，方便其阅读和操作；针对特殊群体，可配置电子读报屏，方便其语音操作，然后获取对应的有声读报服务。

10.5　建立健全管理机制与保障机制

智慧图书馆微服务各项规章制度的完善能够规范信息服务人员的行为，确保微服务各个环节的健康有序运行，为服务效果的实现提供制度保障。因此，在建立健全管理机制与保障机制方面，可以采取以下策略。

（1）健全馆员评价制度

有效的人才评价机制，能够帮助智慧馆员不断地反思自己的行为，及时调整工作状态，增强危机意识，同时提升自身的服务能力、服务水平，更好地符合智慧图书馆微服务建设的要求。一是要建立馆员评价指标，可设置微服务创新能力、小程序开发与维护能力以及数据处理和应用能力三个评价维度，然后在这三个方面进行细化。二是确定评价主体，可采用四级评级体系，即馆员自我评价、用户评价、同行评价以及管理部门评价，这样得出的评价结果会更加准确、公平和全面。三是进行量化评价，根据馆员的业绩与工作表现打分，最后进行求和得到评价总分。

（2）建立服务激励制度

对智慧图书馆微服务工作人员的贡献度进行客观科学的评价，作为职称晋升、年度考核、评选优秀员工等方面的重要参考。以颁发荣誉证书、评选先进等奖励、情感鼓励等形式激励员工开拓创新，保障智慧图书馆微服务质量。以定期举办先进服务经验推广会的形式鼓励服务人员总结实践经验，带动智慧图书馆微服务专业团队整体素质的提高。

（3）建立健全保障制度

政府应加大对智慧图书馆微服务工作开展的资金投入，助推智慧图书馆微服务体系建设。同时，政府和智慧图书馆还可以营造良好的发展环境，通过宣传引导、优惠政策等方式方法激发市场和社会资本参与到智慧图书馆微服务体系建设中，以期实现资金保障。另外，图书馆需要重视用户尤其是专家学者在微服务体系建设过程中的参与机制，从而促进更多的用户参与到微服务体系建设中来。用户参与保障机制可以分为重点用户招募机制、宣传推广机制、激励引导机制、管理支持机制等，通过用户参与保障机制引导更多用户参与到微服务体系建设中，以期不断完善微服务体系建设，更好地满足用户的多元化需求。

10.6　本章小结

本章在前面章节的研究基础上，结合智慧图书馆微服务实践情况，从加强微服务团队建设、开展多层次微服务、优化图书馆小程序、完善图书馆配套设施以及建立健全管理制度五个方面提出了促进"轻应用"背景下智慧图书馆微服务健康有序运行的策略：一是在加强微服务团队建设方面，智慧图书馆要注重培养复合型馆员、广泛招纳优秀人才以及创新微服务团队的组织形式；二是在开展多层次微服务方面，智慧图书馆要积极探索开展特色服务和开展线上线下融合服务；三是在优化图书馆小程序方面，智慧图书馆要丰富小程序服务功能与内容、提高小程序服务质量以及加强小程序的推广普及；四是在完善图书馆配套设施方面，智慧图书馆要添置数据采集设备和配置更多人工智能设备；五是在建立健全管理制度方面，智慧图书馆要健全馆员评价制度和建立服务激励制度。

第 11 章
总结与展望

本章总结了本研究所做的工作，分析了本书存在的研究局限性，并对未来研究提出了展望。

11.1　总结

随着银发老人和青少年群体相继触网，智慧图书馆作为公共文化服务主体，在移动信息服务方面，应不断加强适老化建设和智慧化建设，给用户提供更加便捷化、智能化、个性化的移动信息服务内容，满足用户对于信息资源、空间和环境、服务效率以及科学素养方面的需求。本书在梳理国内外相关研究成果的基础上，对"轻应用"的概念与特点、智慧图书馆微服务的概念与特点以及智慧图书馆微服务体系的概念进行了分析。从循证图书馆角度出发，采用文献研究法、访谈法以及扎根理论质性研究法对

"轻应用"背景下智慧图书馆微服务要素展开了分析，然后结合智慧图书馆微服务实践情况，构建了"轻应用"背景下智慧图书馆微服务体系，并对运行机制进行了研究。为进一步促进智慧图书馆微服务体系建设与发展，本研究从物质资源建设、人力资源建设、组织资源建设以及服务建设四个方面提出了建设发展策略，以期提高智慧图书馆微服务能力，高质量高水平地服务广大用户。

第一，通过文献研究、网络调研等方式，对"轻应用"背景下智慧图书馆微服务体系建设研究现状和发展状况进行了分析，明确了智慧图书馆在微服务体系建设方面存在的问题。在理论层面上，通过对国内外相关研究文献的梳理，发现目前学者们对于智慧图书馆微服务体系建设的研究比较少，而且往往目的性单一。在实践层面上，通过对 31 所省级智慧图书馆微服务发展状况进行调研，发现在小程序服务平台开发利用上已经取得了一定的成果，提供的微服务内容数量多，但是还存在不少的发展问题等待解决，如智慧图书馆小程序服务平台建设情况差异较大，智慧图书馆微服务内容的重复度较高、缺乏差异化，智慧图书馆未建立"轻应用"背景下的微服务体系等问题。

第二，从循证图书馆角度出发，立足于"轻应用"发展背景，采用文献研究法和扎根理论研究法分析智慧图书馆微服务体系要素，并构建"轻应用"背景下智慧图书馆微服务体系。运用文献研究法，从理论层面构建了智慧图书馆微服务体系层次结构要素框架模型，对提炼出来的目标层、技术层、资源层、服务层和需求层之间的结构关系进行了分析。运行扎根理论研究法，从实践层面构建了资源、服务以及需求三者之间的关系模型。在此基础上，根据智慧图书馆微服务体系的构建目的与构建原则，从目标层、技术层、资源层、需求层、服务层五个维度构建了"轻应用"背景下智慧图书馆微服务体系，并对各个层次的内涵、构成以及层次之间的关系等进行了分析。

第三，针对构建的智慧图书馆微服务体系，结合智慧图书馆微服务实践情况，提出了促进"轻应用"背景下智慧图书馆微服务体系建设的发展策略，为智慧图书馆开展微服务提供借鉴：在物质资源建设方面，智慧图书馆应该重视特色数据库建设以及完善配套基础设施设备；在人力资源建设方面，智慧图书馆应该加强智慧馆员队伍的建设、建立智慧馆员多元化培养模式以及建立智慧馆员评价机制；在组织资源建设方面，智慧图书馆应该运用新型技术手段、强化政策及制度供给以及建立健全保障机制；在微服务建设方面，智慧图书馆应该加强小程序服务平台的建设、打造多元化微服务内容以及开展线上线下融合服务。

11.2　研究局限与展望

本书虽然构建了"轻应用"背景下的智慧图书馆微服务体系，并提出了有针对性的运行策略，但是仍存在一些不足之处，需要在以后的研究中进一步完善和补充。

第一，在智慧图书馆微服务现状研究方面，对智慧图书馆微服务发展现状进行调研的覆盖面不足，调查对象仅选取了 31 所省级智慧图书馆，缺乏对其他类型智慧图书馆在微服务建设方面的调研。在今后的研究中，应持续跟进"轻应用"背景下智慧图书馆的微服务实践情况，扩大调查对象的选取范围，对智慧图书馆微服务发展现状形成更加全面的认识，增加研究的深度以及应用价值。

第二，在对实践层面的智慧图书馆微服务体系要素进行分析时，主要采用结构化访谈法和扎根理论质性研究方法。在访谈对象选择范围和数量方面，只选取了周边的智慧图书馆工作人员开展访谈，无法与更多的权威专家开展访谈，因此收集到的文本会存在一定的局限性，导致得出的结果存在一定的偏差。在今后的研究中，应采用定性和定量相结合的方法对智慧图书馆微服务体系要素进行分析，选择更多智慧图书馆微服务领域的权威专家和工作人员进行访谈调研，使得出的结果更加准确合理。

附　录

附录 1　智慧图书馆微服务评价指标调查问卷

尊敬的女士/先生：

您好！我们正在从用户感知角度，对智慧图书馆微服务评价指标进行研究。感谢您能在百忙之中抽出时间，帮我们填此份问卷。您的个人信息我们仅作为研究使用，您的意见将对我们的研究有重要指导作用，感谢您的支持与合作。

本问卷共分为四部分，分别是对智慧图书馆的小程序设计规范、小程序用户体验、微服务内容设置以及微服务内容质量进行评价。请您根据自身的体验或期望，依次对以下智慧图书馆微服务评价指标的重要程度做出您的判断（重要性程度从低到高分为非常不重要、不重要、一般重要、比较重要、非常重要）。

智慧图书馆微服务：智慧图书馆微服务，就是指以读者为中心，以互联网为载体，为使用无线网络传输移动终端设备的读者提供线上线下多样化、轻量化的信息资源服务，使读者实现时间零散化、内容碎片化、形式互动性强，信息接收方式趋向移动化。

微信小程序：微信小程序是嵌入于超级 App 微信中运行，然后借助云计算技术来达到使用户无须下载、即搜即用的轻应用。

一、基本信息

1. 您的性别是［单选题］。

○男

○女

2. 您的年龄是［单选题］。

○18 岁以下

○18 ～ 30 岁

○31 ～ 40 岁

○41 ～ 50 岁

○51 岁以上

3. 您的教育程度是［单选题］。

○本科

○硕士

○博士

○其他

4. 您的职业是［单选题］。

○在校学生

○政府工作人员

○图书馆工作人员

○学校教师

○公司/企业员工

○其他

二、小程序设计规范的评价调查（包括对小程序的基本信息、界面精简度、界面美观度、导航设计等方面的评价）

5. 小程序基本信息规范全面，包括图标、名称以及账号介绍名称［单选题］。

○非常不重要　　　　○不重要　　　　　○一般重要

○比较重要　　　　　○非常重要

6. 界面设置简洁清晰，不干扰用户普通的预览［单选题］。

○非常不重要　　　　○不重要　　　　　○一般重要

○比较重要　　　　　○非常重要

7. 色彩运用、图片、样式协调，文字大小与字体的选用合理［单选题］。

○非常不重要　　　　○不重要　　　　　○一般重要

○比较重要　　　　　○非常重要

8. 各级页面导航明确告知或进入退出位置，每级页面主次结果合理［单选题］。

○非常不重要　　　　○不重要　　　　　○一般重要

○比较重要　　　　　○非常重要

三、用户小程序服务体验的评价调查（包括对小程序的可进入、运行速度、系统稳定性、易检索性等方面的评价）

9. 页面提供的服务都能进入、无未开放的现象［单选题］。

○非常不重要　　　　○不重要　　　　　○一般重要

○比较重要　　　　　○非常重要

10. 运行流畅、界面能够快速打开［单选题］。

○非常不重要　　　　○不重要　　　　　○一般重要

○比较重要　　　　　○非常重要

11. 系统使用过程中不发生崩溃或无法打开现象［单选题］。

○非常不重要　　　　○不重要　　　　　○一般重要

○比较重要　　　　　○非常重要

12. 小程序容易模糊检索［单选题］。

○非常不重要　　　　○不重要　　　　　○一般重要

○比较重要　　　　　○非常重要

四、微服务内容设置的评价调查（包括对公告信息、读者服务、特色服务、个人业务、自助查询、场景服务等微服务内容的评价）

13. 提供新闻公告、讲座资讯、活动通知等信息［单选题］。

○非常不重要　　　　○不重要　　　　　○一般重要

○比较重要　　　　　○非常重要

14. 提供座位预约、图书预约续借、资源荐购等功能［单选题］。

○非常不重要　　　　○不重要　　　　　○一般重要

○比较重要　　　　　○非常重要

15. 提供基本服务之外的增值服务，如期刊订阅、提供数据库服务等［单选题］。

○非常不重要　　　　○不重要　　　　　○一般重要

○比较重要　　　　　○非常重要

16. 提供个人账号登录、注销、修改个人资料等功能［单选题］。

　　○非常不重要　　　　○不重要　　　　○一般重要

　　○比较重要　　　　○非常重要

17. 提供座位查询、借阅信息查询、馆藏查询等服务［单选题］。

　　○非常不重要　　　　○不重要　　　　○一般重要

　　○比较重要　　　　○非常重要

18. 提供实景导航、人工智能机器人服务、线上线下融合等服务［单选题］。

　　○非常不重要　　　　○不重要　　　　○一般重要

　　○比较重要　　　　○非常重要

五、微服务内容质量的评价调查（包括对微服务内容的新颖性、全面性、及时性、权威性、实用性、多样化、个性化、易理解性等方面的评价）

19. 提供的服务内容新颖，不抄袭其他内容［单选题］。

　　○非常不重要　　　　○不重要　　　　○一般重要

　　○比较重要　　　　○非常重要

20. 提供的服务内容全面［单选题］。

　　○非常不重要　　　　○不重要　　　　○一般重要

　　○比较重要　　　　○非常重要

21. 新闻公告等信息具有时效性，时常更新［单选题］。

　　○非常不重要　　　　○不重要　　　　○一般重要

　　○比较重要　　　　○非常重要

22. 小程序提供的信息公告来源真实可靠，具有权威性［单选题］。

　　○非常不重要　　　　　○不重要　　　　　○一般重要

　　○比较重要　　　　　○非常重要

23. 提供的服务实用，能够满足用户的基本需求［单选题］。

　　○非常不重要　　　　　○不重要　　　　　○一般重要

　　○比较重要　　　　　○非常重要

24. 提供的服务内容丰富多样，不单一［单选题］。

　　○非常不重要　　　　　○不重要　　　　　○一般重要

　　○比较重要　　　　　○非常重要

25. 根据用户的兴趣及身份提供个性化服务，如推荐图书和推荐活动等［单选题］。

　　○非常不重要　　　　　○不重要　　　　　○一般重要

　　○比较重要　　　　　○非常重要

26. 提供的微服务内容简单，便于用户理解［单选题］。

　　○非常不重要　　　　　○不重要　　　　　○一般重要

　　○比较重要　　　　　○非常重要

27. 您认为还有哪些指标可以评价智慧图书馆微服务？

───────────────────────────

附录2　智慧图书馆微服务的 用户满意度调查问卷

尊敬的女士/男士：

您好！非常感谢您参与本次问卷调查。随着微信小程序在图书馆的广泛应用，给人们带来了更加便捷化的微服务。为了构建科学合理的"轻应用"背景下智慧图书馆微服务体系，我们将进行本次智慧图书馆微服务用户满意度相关问卷调查。本研究针对于此，调查结果仅用于学术研究。您的回答对于我们的研究很重要，真心希望得到您的支持和配合！谢谢您的合作！

智慧图书馆微服务：智慧图书馆微服务，就是指以读者为中心，以互联网为载体，为使用无线网络传输移动终端设备的读者提供线上线下多样化、轻量化的信息资源服务，使读者实现时间零散化、内容碎片化、形式互动性强，信息接收方式趋向移动化。

微信小程序：微信小程序是嵌入于超级 App 微信中运行，然后借助云计算技术来达到使用户无须下载、即搜即用的轻应用。

第一部分：用户基本信息

1. 您的性别是［单选题］。

○男

○女

2. 您的年龄是［单选题］。

○18 岁以下

○18 ~ 30 岁

○31 ~ 40 岁

○41 ~ 50 岁

○51 岁以上

3. 您的教育程度是［单选题］。

○本科

○硕士

○博士

○其他

4. 您的职业是［单选题］。

○在校学生

○政府工作人员

○学校教师

○公司/企业员工

○其他

第二部分：小程序设计规范维度的用户满意度调查

5. 您对图书馆微信小程序在基本信息规范方面满意吗？（小程序基本信息包括图标、名称、账号介绍等）［单选题］。

○很不满意　　　　○不满意　　　　○一般满意

○比较满意　　　　○很满意

6. 您对图书馆微信小程序的界面精简度满意度吗？（小程序界面设置简洁清晰，不影响用户预览）［单选题］。

○很不满意　　　　○不满意　　　　○一般满意

○比较满意　　　　○很满意

7. 您对图书馆微信小程序的界面美观度满意度吗？（小程序界面色彩搭配合理、字体大小合适、样式协调等）［单选题］。

○很不满意　　　　○不满意　　　　○一般满意

○比较满意　　　　○很满意

8. 您对图书馆微信小程序的导航设计满意吗？（小程序各级页面的导航清晰明确，主次结构合理）［单选题］。

○很不满意　　　　○不满意　　　　○一般满意

○比较满意　　　　○很满意

第三部分：小程序用户体验维度的用户满意度调查

9. 您对图书馆微信小程序服务内容的可进入性满意吗？（小程序页面提供的服务都可以正常进入，无未开放的现象）［单选题］。

○很不满意　　　　○不满意　　　　○一般满意

○比较满意　　　　○很满意

10. 您对图书馆微信小程序的运行速度满意吗？（小程序运行流程、界面能够快速打开）［单选题］。

○很不满意　　　　○不满意　　　　○一般满意

○比较满意　　　　○很满意

11. 您对图书馆微信小程序的系统稳定性满意吗？（小程序在运行过程中不发生崩溃或无法打开现象）［单选题］。

○很不满意　　　　○不满意　　　　○一般满意

○比较满意　　　　○很满意

12. 您对图书馆微信小程序的易检索性满意吗？（只要输入

相关关键词，即可检索到想要进入的图书馆微信小程序）［单选题］。

　　○很不满意　　　　○不满意　　　　○一般满意
　　○比较满意　　　　○很满意

　　第四部分：微服务内容设置维度的用户满意度调查

　　13. 您对图书馆微信小程序提供的公告信息服务满意吗？（提供新闻公告、讲座资讯等方面的信息服务）［单选题］。

　　○很不满意　　　　○不满意　　　　○一般满意
　　○比较满意　　　　○很满意

　　14. 您对图书馆微信小程序提供的基础读者服务满意吗？（例如图书的借阅服务、文献下载服务等）［单选题］。

　　○很不满意　　　　○不满意　　　　○一般满意
　　○比较满意　　　　○很满意

　　15. 您对图书馆微信小程序提供的特色服务满意吗？（例如开放特色数据库的访问权限、个人发展规划指导服务等）［单选题］。

　　○很不满意　　　　○不满意　　　　○一般满意
　　○比较满意　　　　○很满意

　　16. 您对图书馆微信小程序提供的个人业务服务满意吗？（支持个人进行账号的注册、注销、个人资料的修改等）［单选题］。

　　○很不满意　　　　○不满意　　　　○一般满意
　　○比较满意　　　　○很满意

　　17. 您对图书馆微信小程序提供的自助查询服务满意吗？

（例如馆藏资源查询、图书借阅情况查询、座位预约查询等）
［单选题］。

　　○很不满意　　　　○不满意　　　　○一般满意
　　○比较满意　　　　○很满意

　　18. 您对图书馆微信小程序提供的场景服务满意吗？（例如可以线上预约座位）［单选题］。

　　○很不满意　　　　○不满意　　　　○一般满意
　　○比较满意　　　　○很满意

　　第五部分：微服务内容质量维度的用户满意度调查

　　19. 您对图书馆小程序微服务内容的新颖性满意吗？（微服务内容不涉及抄袭其他内容，具有新颖性）［单选题］。

　　○很不满意　　　　○不满意　　　　○一般满意
　　○比较满意　　　　○很满意

　　20. 您对图书馆小程序微服务内容的全面性满意吗？（微服务内容全面）［单选题］。

　　○很不满意　　　　○不满意　　　　○一般满意
　　○比较满意　　　　○很满意

　　21. 您对图书馆小程序微服务内容的时效性满意吗？（新闻报道等信息服务及时更新）［单选题］。

　　○很不满意　　　　○不满意　　　　○一般满意
　　○比较满意　　　　○很满意

　　22. 您对图书馆小程序微服务内容的权威性满意吗？（提供的信息公告来源可靠，具有权威性）［单选题］。

　　○很不满意　　　　○不满意　　　　○一般满意

○比较满意　　　　○很满意

23. 您对图书馆小程序微服务内容的实用性满意吗？（微服务内容实用，能够满足用户基本需求）［单选题］。

○很不满意　　　　○不满意　　　　　　○一般满意

○比较满意　　　　○很满意

24. 您对图书馆小程序微服务内容的个性化满意吗？（提供的微服务内容契合用户兴趣或者身份）［单选题］。

○很不满意　　　　○不满意　　　　　　○一般满意

○比较满意　　　　○很满意

25. 您对图书馆小程序微服务内容的易理解性满意吗？（微服务内容简单、易理解）［单选题］。

○很不满意　　　　○不满意　　　　　　○一般满意

○比较满意　　　　○很满意

26. 您对目前智慧图书馆微服务发展情况有哪些建议？

附录3 "轻应用"背景下智慧图书馆微服务 体系组成要素分析访谈大纲

尊敬的老师：

您好！感谢您在百忙之中参与我们的调研。本次调研的目的是分析"轻应用"背景下智慧图书馆微服务体系的组成要素，以期构建"轻应用"背景下智慧图书馆微服务体系，为智慧图书馆微服务的发展提供参考。恳请老师能够支持，再次感谢您的帮助，祝您生活愉快，工作顺利！

第一部分：访谈对象基本信息

1. 您的学历是？

2. 您在现属图书馆中的身份是？

第二部分：正是访谈内容

1. 您觉得智慧图书馆应用小程序服务平台向用户提供微服务需要哪些资源基础？

2. 您觉得这些资源基础中，哪些是智慧图书馆通过小程序服务平台向用户提供微服务的核心优势资源？

3. 您觉得智慧图书馆的这些资源基础可以延伸出哪些微服务内容？

4. 您认为这些微服务内容可以满足用户哪些需求？

5. 除了上述观点外，您对智慧图书馆应用小程序服务平台向用户提供微服务还有哪些看法？

附录4　部分原始语句开放式编码呈现

部分原始语句示例	开放式编码		
	定义语句	初始概念	范畴化
在如今的大数据时代，智慧图书馆想要更好地服务于用户，我觉得智慧图书馆应该通过大数据分析来构建用户画像，然后通过小程序服务平台精准地给用户提供微服务内容，那么在此基础上，对于数据的收集就相当重要了，因此智慧图书馆应该添置一些数据采集设备，例如一些可穿戴式的设备……	需要进行数据收集，添置数据采集设备	A1 可穿戴设备 A2 监控设备 A3 物联网 RFID 传感器	B1 数据采集设备
我们馆自2020年就引进了智能机器人来给读者提供便捷服务，可以给前来的读者进行智能引导、问题咨询等服务，除此之外，还建设了组织智能书架，智能书架可为读者提供智能检索与精准定位服务，只要读者通过智能书架人机交互的触摸屏检索图书，书架便可精确定位图书所在架位信息，并在该架位通过灯光闪烁提示读者图书所在书架的层级，让读者轻松找到需要的书籍，不仅解决了因图书错架导致的读者找书难问题，还提高了馆藏文献资源盘点效率，这些人工智能设备可以助力智慧图书馆通过小程序服务平台给用户提供更智能化的微服务……	人工智能设备的引进，可以给读者们提供便利的服务，激发广大青少年到馆的热情，助力智慧图书馆微服务发展	A4 智能机器人 A5 人别识别设备 A6 智能立体书库 A7 智能终端设备	B2 人工智能设备

续表

部分原始语句示例	开放式编码		
	定义语句	初始概念	范畴化
图书馆想通过小程序服务平台为读者提供微服务，那我觉得一些计算机设备少不了，这是图书馆都常有的基础设备，就像自助借还机，可以帮助读者线上申请结束，然后线下去自助借还机上扫描认证一下即可，然后对于一些有打印需求的读者，也可以通过轻应用服务平台下单，然后在打印机上进行打印……	图书馆常有的基础设备，满足用户最基本的服务需求	A8 计算机设备 A9 自助借还机 A10 网络设备 A11 打印机	B3 基础设施设备
对于读者来说，特色性的微服务内容具有很强的吸引力，我们馆就通过小程序服务平台给用户提供了如湖湘广记类的特色服务内容，读者可以通过服务平台了解我们当地的一些特色文化，如果是一些高校智慧图书馆，他们可以结合学校特色、专业优势自建一些特色资源数据库，然后通过轻应用服务平台提供给读者，可以极大地提高对有这块需求用户的满意度……	结合当地特色文化或者特色资源馆藏优势，给用户提供特色性的微服务内容	A12 自建特色资源数据库 A13 智库成果	B4 特色资源数据库
另外，大部分用户的需求还是大众化，像文献查询、文献下载、图书在线阅读，这些服务都需要有基础的资源数据库去支撑，所以说，智慧图书馆应该购买一定的中外文电子文献数据库，不定期地购买新的书籍，以期增加图书馆的馆藏资源……	需拥有基础资源数据，满足用户最基本的数字服务需求	A14 中外文电子文献 A15 馆藏书籍	B5 基础资源数据库

续表

部分原始语句示例	开放式编码		
	定义语句	初始概念	范畴化
谈到小程序服务平台，我馆开通并上线了许多的微服务内容，但是在服务前期，需要做很多的工作，首先需要相关的技术人员，去搭建整个服务平台的架构，然后运行测试，修复其中的 bug，并进行上线服务，在后期也时常遇到一些问题，如内容更新不及时、内容单一等，这都需要咱们的维护人员去更新、修复……	需要相关技术人员去搭建和维护轻应用服务平台	A16 平台搭建人员 A17 平台维护人员	B6 信息技术人才
在小程序服务平台上线后，除了相关技术人员外，我觉得对于微服务的宣传推广工作少不了，那就需要这方面的人员，另外，当读者在轻应用服务平台上遇到问题需要咨询时，后台也需要应答人员，及时地给用户解决问题，所以前期小程序服务平台的搭建很重要，但后期的管理运营工作也少不了……	当轻应用服务平台搭建以后，后续得有管理运营人员去进行一个有效的管理和运营	A18 宣传推广人员 A19 咨询应答人员 A20 管理人员	B7 管理运营人员
图书馆想要在微服务开展方面有更多的创新和新意，则需要引进相关领域的研究人员，而且对于智慧图书馆的建设来说，有关智慧馆员的培训是非常有必要的，转变传统服务观念，紧跟时代发展……	在智慧图书馆建设当中，应该加强馆员智慧化的培养	A21 学科型馆员 A22 微服务领域研究员	B8 智慧馆员

部分原始语句示例	开放式编码		
	定义语句	初始概念	范畴化
我觉得智慧图书馆想要更好地利用和开发小程序服务平台，需要更多的新技术和新理念来支持，就比如构建用户数据画像，则需要用到大数据分析技术，还需要用到数据仓储技术，把采集到的用户数据储存起来，待后续进行数据挖掘和数据分析。另外，现如今的5G通信技术具有高速率、低延迟和大连接的特点，可以很好地跟轻应用服务平台链接起来……	智慧图书馆可利用大量的新兴技术与小程序服务平台融合	A23 5G 通信技术 A24 多维技术 A25 数据仓储技术 A26 大数据分析技术 A27 虚拟仿真技术	B9 技术支撑
智慧图书馆微服务建设想要获得可持续的发展，我觉得有关这方面的制度建设非常重要，像智慧图书馆微服务发展规划，起着指引作用，监督机制，可以保障智慧图书馆微服务发展持续向好，为了智慧图书馆微服务具有较强的普适性，应制定相对应的服务标准规范……	制度建设可以为智慧图书馆微服务建设与发展进行反向指引	A28 相关制度建设 A29 监督制度 A30 管理制度 A31 发展规划 A32 服务标准规范	B10 制度建设
在大环境中，公共文化服务体系建设越来越重要，图书馆之间应该树立共建共享的发展理念，有能力有资源的图书馆之间应该加强合作发展，资源共享，让有限的资源发挥出最大的效用，因此我觉得图书馆联盟建设是一个非常不错的方案……	智慧图书馆之间应实现共建、共享、共赢	A33 图书馆联盟 A34 相关政策	B11 社会环境基础

续表

部分原始语句示例	开放式编码		
	定义语句	初始概念	范畴化
智慧图书馆合理优化配置资源，通过轻应用服务平台向用户提供微服务的基础是要有一定的资金投入，少了相关资金的投入，所有的一切都是白谈，因此我觉得政府应该向图书馆提供这方面的专项资金投入，保障智慧图书馆微服务建设工作的有序开展，要不然很容易出现后面发展停滞的情况……	智慧图书馆微服务建设工作离不开相关保障机制的支撑	A35 资金投入 A36 用户信息保护	B12 保障机制
小程序服务平台具有无须下载，即搜即用的特点，将其与智慧图书馆微服务深度融合起来，可以显著地提高微服务的便捷性，据我了解的，我们馆建立的小程序服务平台，主要由数据处理层、数据存储层、服务层等几个方面构成，这也是整个服务平台想要正常提供所不可缺少的组成要素……	小程序服务平台是一个复杂的系统，涉及数据处理层、存储层、服务层、交互层等多个层次	A37 传输感知层 A38 数据处理层 A39 数据存储层 A40 微服务层 A41 用户交互层	B13 小程序服务平台
通过虚拟仿真技术、自建特色资源数据库、中外文献电子数据库、5G 通信技术等资源基础的利用，智慧图书馆可以通过小程序服务平台给用户提供丰富的线上服务内容，弥补了以往服务内容缺乏创新性、服务方式单一的不足之处……	通过小程序服务平台向用户提供便捷的线上服务是智慧图书馆微服务的本质	A42 虚拟馆舍展览服务 A43 电子文献服务 A44 3D 图书资源展示 A45 特色服务 A46 多平台链接服务 A47 资源共享服务 A48 用户交流社区	B14 线上服务

部分原始语句示例	开放式编码		
	定义语句	初始概念	范畴化
当人工智能机器人、智能立体书柜以及其他智能终端设备的引进，使得整个图书馆更具智能化，再加上智慧图书馆轻应用服务平台的建设，两者之间的高效链接，可以为读者们提供虚实结合的线上线下融合服务，例如你在小程序服务平台预约图书馆借阅，线下人工智能机器人将你需要的书籍送到你在图书馆所坐的位置，显著的提高了用户的体验……	自人工智能设备的引入，再加小程序服务平台的使用，智慧图书馆可以很好的将线上服务和线下服务进行融合	A49 智能机器人导航 A50 场景式服务 A51 座位预约服务 A52 一键式应急服务 A53 一键式借阅服务	B15 线上线下融合服务
小程序具有无须下载、即搜即用的特点，用户可以直接在超级App中检索，然后即可进入小程序服务平台，那么智慧图书馆通过小程序服务平台给用户提供微服务，可以很好地满足用户专快轻的服务需求，无须下载，随时随地都可以获取服务内容，极大地简化了传统服务体验的烦琐流程……	用户想要更方便地获取智慧图书馆的服务内容	A54 便捷化服务需求 A55 快速获取性服务需求 A56 轻量化服务需求	B16 专快轻的服务需求
智慧图书馆所拥有的丰富馆藏资源，如自建特色资源数据库、各种中外文电子数据库（中国知网、万方数据知识服务平台、SpringerLink）等，基本上可以满足用户所有的信息资源相关的服务需求，当该馆无法满足的时候，可以通过图书馆联盟，以资源传递的形式发送过来，达到共建共享的目的……	信息资源服务需求一直以来都是用户最需要的，智慧图书馆丰富的馆藏资源可以很好地满足用户信息资源服务需求	A57 资源获取需求 A58 数据管理需求 A59 信息查询需求	B17 信息资源服务需求

部分原始语句示例	开放式编码		
	定义语句	初始概念	范畴化
目前，用户对于社交互动、虚拟空间的需求越来越强烈了，这时小程序服务平台的出现，很好地满足用户的这些方面的需求，像微信小程序服务平台，嵌入于超级 App 微信内，因此可以借助微信强大的社交功能，满足用户强烈的社交互动需求……	随着互联网的快速发展，用户社交互动相关的服务需求已经逐渐凸显出来了	A60 社交互动需求 A61 多源数据需求 A62 虚拟空间需求	B18 知识空间服务需求
在互联网进入下半场后，图书馆传统的服务内容已经无法满足用户个性化的服务需求，现如今想要更好地满足用户个性化的服务需求，可以借助大数据进行用户行为偏好的分析，那么智慧图书馆可以通过数据采集设备，再加小程序服务平台，进行用户画像构建，即可以很好的满足用户对个性化服务的高要求……	用户的服务需求已逐渐呈现多元化、个性化的趋势	A63 针对性需求 A64 决策性服务需求 A65 创新发展需求	B19 个性化产品服务需求

附录5　文化和旅游部　国家发展改革委　财政部
　　　关于推动公共文化服务高质量发展的意见

各省、自治区、直辖市文化和旅游厅（局）、发展改革委、财政厅（局），新疆生产建设兵团文化体育广电和旅游局、发展改革委、财政局：

推动公共文化服务高质量发展，是进一步深化文化体制改革，发展社会主义先进文化的重要任务，也是让人民享有更加充实、更为丰富、更高质量的精神文化生活，保障人民群众基本文化权益，满足对美好生活新期待的必然要求。为在新的形势下更好推动公共文化服务实现高质量发展，现提出以下意见。

一、总体要求

（一）指导思想。以习近平新时代中国特色社会主义思想为指导，深入贯彻落实党的十九大和十九届二中、三中、四中、五中全会精神，坚持统筹推进"五位一体"总体布局、协调推进"四个全面"战略布局，把握时代发展新趋势，全面贯彻新发展理念，以人民为中心，以社会主义核心价值观为引领，以高质量发展为主题，以深化公共文化服务供给侧结构性改革为主线，完善制度建设，强化创新驱动，努力推动文化治理体系和治理能力现代化，为人民群众提供更高质量、更有效率、更加公平、更可持续的公共文化服务，使城乡居民更好参与文化活动，培育文艺技能，享受文化生活，激发文化热情，增强精神力量，提高社会文明程度，为建设社会主义文化强国奠定基础。

（二）主要原则

坚持正确导向，推动品质发展。牢牢把握社会主义先进文化前进方向，强化政治引领，提升人民文明素质，切实承担起举旗帜、聚民心、育新人、兴文化、展形象的使命任务。

坚持统筹建设，推动均衡发展。加强城乡公共文化服务体系一体建设，促进区域协调发展，健全人民文化权益保障制度，推动基本公共文化服务均等化。

坚持深化改革，推动开放发展。深化公共文化服务体制机制改革，创新管理方式，扩大社会参与，形成开放多元、充满活力的公共文化服务供给体系。

坚持共建共享，推动融合发展。在把握各自特点和规律的基础上，促进公共文化服务与科技、旅游相融合，文化事业、产业相融合，建立协同共进的文化发展格局。

二、主要任务

（三）深入推进公共文化服务标准化建设。全面落实国家基本公共服务标准。在保障国家基本标准落实到位的基础上，推动各省（区、市）结合本地区实际制定地方标准，地（市）、县（区）制定目录。要加强事前论证和风险评估，控制在财政承受范围以内，不得脱离实际盲目攀高，确保财力有保障、服务可持续。进一步完善公共图书馆、文化馆（站）和村（社区）综合性文化服务中心等建设和服务标准规范，健全公共数字文化标准规范体系，根据工作实际，适当提升有关指标，发挥引导作用。依托行业组织，加强公共图书馆、文化馆评估定级工作。以省

（区、市）为主体，开展乡镇（街道）综合文化站评估定级。建立健全科学规范的评估标准体系，进一步完善评估定级结果运用机制，鼓励地方通过经费分配、项目安排等方式，加大奖优力度。

（四）完善基层公共文化服务网络。积极推动将公共文化设施建设纳入县城城镇化补短板强弱项项目。根据实际，加大对城镇化过程中新出现的居民聚集区、农民新村的公共文化设施配套建设力度。以县级公共图书馆、文化馆总分馆制为抓手，优化布局基层公共文化服务网络。强化县级总馆建设，实现总分馆图书资源的通借通还、数字服务的共享、文化活动的联动和人员的统一培训。合理布局分馆建设，鼓励将若干人口集中，工作基础好的乡镇（街道）的综合文化站建设为覆盖周边乡镇（街道）的区域分中心。具备条件的可在人口聚居的村（社区）的基层综合性文化服务中心建设基层服务点。推广"乌兰牧骑"等红色文艺轻骑兵形式，大力发展城乡流动文化服务。继续推进"边疆万里文化长廊"建设，打造"文化国门"。充分发挥县、乡、村公共文化设施、资源、组织体系等方面的优势，强化文明实践功能，推进与新时代文明实践中心融合发展。推动公共图书馆、文化馆、博物馆、美术馆、非遗馆等建立联动机制，加强功能融合，提高综合效益。

（五）创新拓展城乡公共文化空间。立足城乡特点，打造有特色、有品位的公共文化空间，扩大公共文化服务覆盖面，增强实效性。适应城乡居民对高品质文化生活的期待，对公共图书馆、文化馆（站）功能布局进行创意性改造，实现设施空间的美化、舒适化。支持各地加强对具有历史意义的公共图书馆、文化馆的保护利用。鼓励在都市商圈、文化园区等区域，引入社会力量，按照规模适当、布局科学、业态多元、特色鲜明的要求，创新打造一批融合图书阅读、艺术展览、文化沙龙、轻食餐饮等服务的"城市书房""文化驿站"等新型文化业态，营造小而美的公共阅读和艺术空间。着眼于乡村优秀传统文化的活化利用和创新发展，因地制宜建设文化礼堂、乡村戏台、文化广场、非遗传习场所等主题功能空间。鼓励将符合条件的新型公共文化空间作为公共图书馆、文化馆分馆。积极推进社区文化"嵌入式"服务，将文化创意融入社区生活场景，提高环境的美观性和服务的便捷性。鼓励社区养老、文化等公共服务设施共建共享。

（六）促进公共文化服务提质增效。推动基本公共文化服务融入城乡居民生活，提高群众知晓率、参与率和满意率。继续实施公共文化设施免费开放，拓展服务内容，创新服务形式，提升服务品质。进一步加强错时开放、延时开放，鼓励开展夜间服务。推动公共图书馆、文化馆拓展阵地服务功能，面向不同群体，开展经典诵读、阅读分享、大师课、公益音乐会、艺术沙龙、手工艺作坊等体验式、互动式的公共阅读和艺术普及活动；鼓励"走出去"，创新开展创意市集、街区展览、音乐角、嘉年华等文化活动。各级公共图书馆、文化馆（站）可发挥平台作用，通过与社会力量合作、公益众筹等方式，面向不同文化社群，开展形式多样的个性化差异化服务。鼓励有条件的公共图书馆、文化馆提炼开发文化 IP，加强文创产品体系建设。加强公共文化服务品牌建设，在全国遴选推介公共图书馆优秀阅读品牌、文化馆（站）优秀艺术普及活动品牌。面向不同年龄段群体开展特色文化服务。鼓励各地根据实际，推动公共文化服务与教育融合发展，面向中小学生设立课外教育基地。鼓励有条件的文化馆将说唱、街舞、小剧场话剧等文化形式纳入服务范围。积极适应老龄化社会发展趋势，提供更多适合老年人的文化产品和服务，让老年人享有更优质的晚年文化生活。加强面向残疾人的文化服务。

（七）做大做强全民艺术普及品牌。切实推动全民艺术普及，使艺术融入日常生活，使生活更具审美品味。推动各地设立全民艺术普及月，鼓励举办全民艺术节，增强社会影响力。坚持以社会主义核心价值观引领群众文艺创作生产与传播，充分发挥"群星奖"等示范作用，推动创作更多有力量、有筋骨、有温度的群众文艺精品。健全支持开展群众性文化活动机制。举办全国性群众文化展演、调演活动。广泛开展广场舞展演、大众合唱节等群众喜闻乐见的文化活动。以市、县为主体组织"百姓明星"大赛，引导城乡群众在文化生活中当主角、唱大戏。与互联网平台合作，创新广场舞等群众文化活动管理和服务手段。进一步加强群众文化艺术培训，使各级文化馆成为城乡居民的终身美育学校。鼓励各地以文化馆为主导，联合社会艺术培训机构，组建全民艺术普及联盟，搭建推广平台。充分发挥群众文艺在国际文化交流中的作用，创造条件组织国际艺术院团到基层开展公益性演出，在"欢乐春节"、海外中国文化旅游年、国际艺术节、多边或双边文化交流中更多地植入群众文化活动、项目，展现中国形象，讲好中国故事，以民相亲促进心相通。

（八）加快推进公共文化服务数字化。加强智慧图书馆体系建设，建立覆盖全国的图书馆智慧服务和管理架构。提升数字文化馆网络化、智能化服务水平。进一步完善国家公共文化云等平台的大数据管理和服务功能。推动国家云和地方云、地方云和当地智慧城市平台的对接。整合利用全国群众文化活动资源，打造分级分布式数字文化资源库群，优化资源结构，提升资源质量。加大微视频、艺术慕课等数字资源建设力度。推动将相关文化资源纳入国家文化大数据体系建设。鼓励公共文化机构与数字文化企业对接合作，大力发展基于 5G 等新技术应用的数字服务类型，拓宽数字文化服务应用场景。探索发展数字文化大众化实体体验空间，加强数字艺术、沉浸式体验等新型文化业态在公共文化场馆的应用。推广群众文化活动高清网络直播，形成"云上群星奖"等群众文化网上集成展示平台。培育线上文化服务品牌。鼓励公共文化机构打造有影响力的公众号，培养具有高粘性的"粉丝"文化社群。推动在互联网视频平台开设全民艺术普及专题。鼓励与企业合作，探索有声图书馆、文化馆互动体验等新型文化服务方式。

（九）进一步强化社会参与。加大政府购买公共文化服务力度。举办全国或区域性公共文化产品和服务采购大会，建设线上线下相结合的交易平台，促进供需对接。鼓励利用多种方式，推动社会力量参与公共文化设施运营、活动项目打造、服务资源配送等。根据实际，稳步推进有条件的地市级以上公共图书馆、文化馆、博物馆、美术馆开展法人治理结构改革。稳妥推动基层文化设施社会化运营。存在人员缺乏等困难的县级特别是乡镇（街道）、村（社区）文化场馆，可根据实际，通过政府委托运营整体场馆或部分项目的形式，引入符合条件的企业和社会组织，提高运营效率和服务水平。创新监管方式，重点做好政治导向和服务绩效等方面的评估。规范推广政府与社会资本合作（PPP）模式，引导社会资本积极参与建设文化项目，兼顾公共文化服务和文化产业发展，为稳定投资回报、吸引社会投资创造条件。

（十）促进文化志愿服务特色化发展。实施全民阅读推广人和全民艺术普及推广人培育计划，鼓励专业文艺工作者、书评人等积极组织阅读推广和艺术普及推广等活动，并通过新媒体形式传播艺术和阅读知识。发挥"春雨工程"等志愿服务项目的示范引领作用，开展"美好生活"系列主题志愿服务活动。以省（区、市）为单位打造具有区域影响力的文化志愿服务品牌，以市、县为单位培育一批有特色、有影响、惠民生的文化志愿服务项目。进一步规范文化志愿者的招募，分类对文化志愿者进行培训辅导。推动建立各类文化志愿团体。完善文化志愿服务记录和激励制度，逐步建立星级文化志愿者认证制度，对服务时间长、表现突出、贡献较大的优秀文化志愿者团队和个人按国家有关规定给予表彰奖励，增强广大文化志愿者的工作成就感和社会荣誉感。

（十一）加强乡村文化治理。紧紧围绕乡村振兴战略，将乡村文化建设融入城乡经济社会发展全局，融入乡村治理体系。深入开展乡镇综合文化站专项治理。结合实际，适当拓展乡村基层综合性文化服务中心旅游、电商、就业辅导等功能。坚持"见人见物见生活"，加强乡村地区非物质文化遗产保护和利用。开展乡村艺术普及活动，依托中国民间文化艺术之乡，推进"艺术乡村"建设，提升乡村文化建设品质。建立艺术家、策展人等专业人士与民间文化艺术之乡的对接机制，挖掘乡土底蕴，传承乡村文脉。开展"村晚"等富有文化特色的农村节庆活动，形成具有区域影响力的乡村名片，打造节庆新民俗。整合优质资源与力量，持续开展"戏曲进乡村"等送文化下基层活动。结合全国乡村旅游重点村镇建设，打造特色乡村文化和旅游品牌，拓展乡村文化和旅游发展新模式。坚持平等、参与、共享的原则，加强对城市新生代外来务工人员的文化帮扶，推动他们更好融入城市，成为城乡文化交流的重要力量。

三、保障措施

（十二）加强组织领导。各级文化和旅游行政部门要在党委政府领导下，积极协调配合宣传、发展改革、财政、广电、体育等部门，在规划编制、政策衔接、标准制定和实施等方面加强合作，进一步形成推动公共文化服务高质量发展的工作合力。开展公共文化服务高质量发展试点工作，培育一批高质量发展项目，发挥示范引领作用。鼓励各地因地制宜，完善政策环境，创新工作手段，积极探索开展各项工作的新思路新办法。支持京津冀、长三角、粤港澳大湾区、成渝地区双城经济圈等区域发挥创新引擎作用，推动公共文化服务实现高质量协同发展。持续探索革命老区、民族地区、边疆地区和脱贫地区推进公共文化服务体系建设的新路径，努力实现与经济社会的同步发展。加强对地方试点的总结评估，对实践证明行之有效的经验做法，及时总结提炼，完善规范，普及推广。

（十三）加强法制和财政保障。全面贯彻落实公共文化服务保障法、公共图书馆法、公共文化体育设施条例等法律法规。积极推动地方公共文化立法。建立健全公共文化服务执法检查制度，提高依法行政能力和水平。进一步完善法律法规规定的各项基本制度。修订文化馆管理办法，制定公共图书馆馆藏文献信息处置管理办法、公共图书馆文化馆年报编制指南、乡镇综合文化站建设与运营指南等配套规章和文件。进一步完善财政保障机制。落实公共文化领域中央与地方财政事权和支出责任划分改革方案，推动各级财政完善保障机制，把基本公共文化产品和服务项目纳入各级政府预算，全面实施公共文化服务领域预算绩效管理，强化绩效评价结果应用，发挥财政资金最大效益。充分发挥各级财政资金引导作用，鼓励民间资本参与公共文化服务建设。

（十四）建设一支精干高效的基层文化人才队伍。建立健全文化人才的发现、培养、使用和评价机制，为基层文化队伍搭建展示才华的平台。在文化战线培养一批长期扎根基层，有责任心、有能力、具有深厚实践经验的专家型干部。实施基层文化队伍培训项目，强化实践引导，创新交流机制。鼓励文化艺术职业院校开展合作培训。继续开展"三区"人才支持计划文化工作者专项工作。落实基层文化服务岗位人员编制和经费，保持基层文化队伍相对稳定。结合本地实际，采取县招乡用、派出制、县乡双重考核等形式，配齐配强乡镇综合文化站文化专干。实施乡村文化和旅游能人支持项目，支持培养一批扎根乡村、乐于奉献、服务群众的乡村文化骨干。鼓励乡村文艺团队参与乡村文化设施的管理运营和服务，激活基层文化阵地。

文化和旅游部　国家发展改革委　财政部
2021 年 3 月 8 日

附录6　"十四五"公共文化服务体系建设规划

序　言

"十三五"以来，在党中央、国务院的高度重视下，在各级党委、政府的大力支持下，在文化和旅游行政部门及广大文化工作者的不懈努力下，我国公共文化服务体系建设取得了重要成就。现代公共文化服务体系"四梁八柱"的制度框架基本建立，公共文化服务法治建设取得突破性进展，体制机制改革不断深化，基本公共文化服务标准化均等化建设全面推进，覆盖城乡的公共文化设施网络更加健全，优质公共文化产品和服务日趋丰富，服务能力和水平明显提高，公共文化事业经费保障能力稳步提升，高素质专业化人才队伍不断壮大，公共文化服务在推动文化治理体系和治理能力现代化，保障人民基本文化权益，满足人民日益增长的美好生活需要，促进城乡经济社会协调发展等方面发挥了重要作用。

"十四五"时期是我国全面建成小康社会、实现第一个百年奋斗目标之后，乘势而上开启全面建设社会主义现代化国家新征程、向第二个百年奋斗目标进军的第一个五年，我国进入新发展阶段。在新的历史起点上，公共文化服务面临着新的发展形势。党中央、国务院将文化建设作为"五位一体"总体布局和"四个全面"战略布局的重要内容，推动公共文化服务体系向更广空间和更深层次发展的任务更加明确；随着我国社会主要矛盾发生变化，人民群众的多样化多层次需求对提升公共文化产品和服务供给水平的要求更加迫切；经济发展方式转变、产业结构调整优化，对公共文化服务培育促进文化消费，拉动内需等方面提出了新的要求；现代科技发展催生新产业新业态新模式不断涌现，为公共文化服务发展提供的动能更加强劲；文化和旅游的融合发展，大众旅游的深入推进，为公共文化服务提供了新的发展契机。但同时必须看到，公共文化服务还存在着不少短板和问题。由于经济社会发展水平的制约，城乡之间、区域之间的公共文化服务发展水平还存在较大差距；公共文化产品和服务品质还有待提升；改革创新力度有待加强；社会力量的作用还没有充分发挥；数字化、网络化、智能化建设与其他领域相比仍显滞后。"十四五"时期，必须立足社会主义初级阶段基本国情，深刻认识公共文化服务的新特征、新要求、新规律，抓住机遇，应对挑战，不断提升公共文化服务水平。

一、总体要求

（一）指导思想

高举中国特色社会主义伟大旗帜，深入贯彻党的十九大和十九届二中、三中、四中、五中全会精神，坚持以马克思列宁主义、毛泽东思想、邓小平理论、"三个代表"重要思想、科学发展观、习近平新时代中国特色社会主义思想为指导，深刻认识和把握公共文化服务体系建设在"五位一体"总体布局和"四个全面"战略布局中的地位和作用，立足新发展阶段、贯彻新发展理念、构建新发展格局，以推动高质量发展为主题，以深化供给侧结构性改革为主线，进一步完善制度建设，提升治理能力，激发创新活力，努力提供更高质量、更有效率、更加公平、更可持续的公共文化服务，切实保障人民群众基本文化权益，提升文化获得感、幸福感，为建设社会主义文化强国奠定基础。

（二）基本原则

1. 坚持正确导向。坚持党对公共文化工作的领导，牢牢把握社会主义先进文化前进方向，紧紧围绕举旗帜、聚民心、育新人、兴文化、展形象的使命任务，以社会主义核心价值观为引领，促进满足人民文化需求和增强人民精神力量相统一，让人民享有更加充实、更为丰富、更高质量的精神文化生活。

2. 坚持以人民为中心。坚持文化发展为了人民，更好顺应人民群众对美好生活的新期待，推动公共文化服务向高品质和多样化升级。坚持文化发展依靠人民，充分尊重人民群众主体地位和首创精神，着力提高文化参与度和创造力。坚持文化发展成果由人民共享，切实保障文化民生，促进社会公平。

3. 坚持改革创新。进一步加强文化治理体系和治理能力建设，持续增强发展动力和活力。坚持向改革要效益，进一步探索现代公共文化服务体系建设体制机制改革路径，着力解决制约公共文化服务高质量发展的突出矛盾和问题。坚持以创新谋发展，打破体制界限，整合社会资源，提高配置效率，形成开放多元的公共文化服务供给体系。

4. 坚持系统推进。加强前瞻性思考、全局性谋划、战略性布局、整体性推进，统筹发展与安全，统筹城乡、区域协调发展，既要坚持保障基本，普惠均等，稳固发展根基，又要尊重差异，鼓励地方善用优势,率先拓展提升,充分发挥引领、示范、带动作用,形成布局科学均衡,质量梯次提升的公共文化服务发展格局。

(三)发展目标

"十四五"末,公共文化服务体系将力争达到以下目标:

——公共文化服务布局更加均衡。城乡公共文化服务体系一体建设取得重大突破,城乡协同发展机制逐步健全,城乡公共文化服务差距进一步缩小。公共文化服务在保障人民基本文化权益,促进城乡经济社会发展中的重要作用更加凸显。

——公共文化服务水平显著提高。城乡公共文化服务供给能力进一步增强,基本公共文化服务水平与经济社会发展水平同步提升。公共文化服务质量明显改善。公共文化服务知晓度、参与度、满意度不断提高。

——公共文化服务供给方式更加多元。政府主导、社会力量广泛参与的公共文化服务供给机制更加成熟,来自基层群众的文化创造更加活跃,政府、市场、社会共同参与公共文化服务体系建设的格局更加健全。

——公共文化数字化网络化智能化发展取得新突破。公共数字文化资源更加丰富,国家公共文化云等平台互联互通体系更加完善,智慧图书馆体系建设取得明显进展,公共文化数字服务更加便捷、应用场景更加丰富。

展望2035年,在基本实现社会主义现代化之际,建成与社会主义文化强国相适应的现代公共文化服务体系,人民基本文化权益保障制度更加健全,基本公共文化服务均等化水平持续提升,城乡间、区域间公共文化发展差距明显缩小,人人参与、全民共享的公共文化服务发展局面基本形成，人民群众对美好精神文化生活的新期待得到更好满足，公共文化服务在促进人的全面发展、凝聚人民精神力量、增强国家文化软实力方面发挥更大作用。

二、主要任务

（一）推进城乡公共文化服务体系一体建设

1. 深入推进城乡公共文化服务标准化服务体系规划建设。全面落实国家基本公共服务标准，进一步明确现阶段基本公共文化服务范围和标准，强化保障能力。适应高质量发展的要求，坚持尽力而为，量力而行，推动进一步完善和提升省、市、县三级公共文化服务实施标准（服务目录），确保内容无缺项、人群全覆盖、标准不攀高、财力有保障、服务可持续。发挥标准引领作用，进一步完善公共图书馆、文化馆（站）和基层综合性文化服务中心等公共文化机构建设、管理、服务和评价标准规范，健全城乡公共文化服务标准体系。强化标准实施，开展标准实施情况监督检查和评估，提升公共文化服务质量。建立标准动态调整机制，根据标准实施效果、经济社会发展状况和人民群众精神文化需求等因素，适时调整相关标准。

2. 完善城乡公共文化服务协同发展机制。推进图书馆、文化馆总分馆制建设，提升县级公共图书馆、文化馆统筹协调、组织指导、服务援助能力，依托具备条件的乡镇综合文化站、村级综合性文化服务中心和社会性文化机构等，设立分馆或基层服务点。鼓励以市为单位，增加社保卡文化功能，积极推动公共图书馆实现免注册借阅，面向全民开展服务。推进城乡"结对子、种文化"，加强城市对农村文化建设的对口帮扶，形成常态化工作机制。创新实施文化惠民工程，引导优质文化资源和文化服务更多地向农村倾斜。积极开展流动文化服务，通过流动舞台车、流动图书车、文艺小分队等形式，把慰问演出、文艺辅导、展览讲座等文化活动内容送到百姓身边。持续实施"戏曲进乡村"活动。实施城乡示范性文化和旅游志愿服务活动，促进城乡志愿服务人员的交流互动和共同提升。

3. 以文化繁荣助力乡村振兴。全面落实乡村振兴战略，按照有标准、有网络、有内容、有人才的要求，健全乡村公共文化服务体系。充分发挥县乡村公共文化设施、资源、组织体系等方面的优势，强化文明实践功能，推动与新时代文明实践中心融合发展。深入开展乡镇综合文化站专项治理，完善效能建设长效机制。提升基层综合性文化服务中心功能。因地制宜建设文化礼堂、文化广场、乡村戏台、非遗传习场所等主题功能空间。保护利用乡村传统文化，盘活乡村文化资源，重塑乡村文化生态。加强"中国民间文化艺术之乡"建设管理，开展"艺术乡村"建设试点，使艺术融入乡土，提升乡村文化建设品质。鼓励开展乡村节日民俗活动，举办"村晚"等群众广泛参与的文化活动。紧密结合美丽乡村建设，培育乡村网红，开展民族民俗文化旅游示范区建设试点，规划打造一批兼具教育性、艺术性、体验性的乡村旅游线路，推进乡村文化和旅游融合发展。

4. 创新培育城市公共文化空间。坚持"人民城市"建设理念，提升城市文化治理能力，努力形成优质均衡，便捷高效的公共文化设施网络，创新拓展公共空间，营造良好的城市人文环境。推动将公共文化设施建设纳入城市建设总体规划，围绕城市发展战略定位，根据人口分布等因素，科学规划空间格局，提升覆盖能力。新建公共文化设施要在征求公众意见的基础上，根据实际适当向城乡结合部和远郊区县倾斜，补齐薄弱地区建设短板。落实新建改建扩建居民住宅区配套建设公共文化设施要求，编实织密基层公共文化设施网络。加快推动社区文化"嵌入式"服务，将文化创意融入社区生活场景。推动将社区文化设施建设纳入城市更新计划，鼓励社会力量参与，结合老旧小区、老旧厂区、城中村等改造，创新打造一批具有鲜明特色和人文品质的新型公共文化空间。

专栏2　城乡文化惠民工程

项目1：中国民间文化艺术之乡项目。组织开展"中国民间文化艺术之乡"评审命名，加强建设管理。将中国民间文化艺术之乡建设作为新时期乡村公共文化服务创新发展和乡村优秀传统文化保护与传承的重要抓手，打造"一乡""一品""一艺""一店""一景"的乡村文化事业产业融合发展的新模式。

项目2：戏曲进乡村项目。通过政府购买服务的方式，为脱贫县所辖乡镇每两个月配送一场以地方戏为主的演出，满足当地人民群众的看戏需求，同时带动地方戏曲传承发展。

项目3：民族民俗文化旅游示范区项目。修订、实施《民族民俗文化旅游示范区认定》国家标准，开展民族民俗文化旅游示范区建设试点，总结经验，逐步打造一批民族民俗文化旅游资源丰富、特色鲜明、旅游功能强的示范区域，助力乡村振兴。

项目4：乡村网红培育计划。以"我的家乡我代言"为主题，依托各级文化馆（站），采用微综艺新媒体节目形式，广泛发掘、培育一批优秀"乡村网红"，推介乡村文化和旅游资源，引领乡风文明建设。

（二）建设以人为中心的图书馆

1. 推进公共图书馆功能转型升级。适应高质量发展要求，推动公共图书馆向"以人为中心"转型，建设开放、智慧、包容、共享的现代图书馆，将公共图书馆建设成为滋养民族心灵、培育文化自信的重要场所。围绕当地经济社会发展战略任务，积极配合各级党委政府中心工作和社会领域发展重点，充分发挥文献保障和智库作用，建设区域创新文献支持中心。持续优化资源建设方式，完善文献保障体系，提升服务能力，创新服务方式，建设区域性知识、信息和学习中心。优化公共图书馆环境和功能，营造融入人民群众日常生活的高品质文化空间，建设有温度的文化社交中心。拓展与深化公共图书馆服务创新，鼓励支持各级公共图书馆推出一批示范引领作用强的创新项目。探索创新基层图书馆运营模式，结合总分馆制建设，试点推进建设一批管理先进、特色鲜明、与社区融合共生的主题性阅读场所。

2. 广泛开展全民阅读活动。将推动、引导、服务全民阅读作为公共图书馆的重要任务，不断丰富以阅读为核心的综合性文化服务，建设书香社会。围绕世界读书日、图书馆服务宣传周、全民读书月以及重大节庆活动，深入开展系列阅读推广活动。加大党史、新中国史、改革开放史、社会主义发展史等重点出版物的阅读内容引领。树立"大阅读""悦读"等现代理念，创新活动方式，培育一批具有时代感的城乡阅读品牌。高度重视未成年人阅读习惯培养。进一步丰富亲子阅读活动。实施青少年阅读素养提升计划，推荐一批高质量少年儿童图书。主动适应公众阅读习惯和媒介传播方式变化，通过新媒体广泛开展在线阅读推广活动，吸引更多群众特别是年轻人参与。加强与出版社、品牌书店、上网服务场所和互联网平台等合作，联合开展阅读推广活动。依托公共图书馆汇聚、培育一批领读者、阅读推广人、阅读社群。推广读者积分激励机制。

3. 加强古籍整理保护和传承利用。结合实施中华文化资源普查工程，深入开展古籍普查，全面掌握海内外古籍存藏情况。加强古籍分级分类保护，完善国家、省级珍贵古籍名录和古籍重点保护单位评选制度。组织实施中华古籍保护计划、革命文献与民国时期文献保护计划、《中华传统文化百部经典》编纂、珍贵濒危古籍抢救保护等项目。会同有关部门做好《永乐大典》、敦煌文献、藏文古籍以及黄河流域、大运河沿线相关古籍的保护修复工作。推进国家文献储备库建设。加强古籍保护数字化建设，实施中华古籍影像数据库、全文数据库、大数据平台等建设项目，促进古籍数字资源便捷使用和开放共享。促进古籍保护成果整理出版，加强古籍再生性保护和揭示利用。加强古籍在公共文化服务中的应用。组织开展古籍知识讲座、展览、互动体验、数字化体验等推广活动，实施中华经典诵读工程和中华经典传习计划，加强古籍创意产品开发，让书写在古籍里的文字活起来。加强古籍保护、传承、利用人才培养。

专栏3　公共图书馆发展

项目5：全民阅读项目。将推进全民阅读作为各级公共图书馆的重要任务,充分利用资源、设施、空间、人才等方面优势,广泛开展主题阅读活动,创新服务方式,打造阅读品牌。

项目6:国家文献储备库建设项目。完成国家文献储备库基础设施建设,调整完善国家图书馆国家文献信息资源总库的总体规划和业务布局,充分利用数字化、缩微复制、影印出版等手段,以同城灾备和异地灾备相结合的方式,实现国家文献信息的永久、安全战略保存。

项目7:《永乐大典》保护传承项目。配合有关部门做好国内外各收藏机构存藏《永乐大典》收集整理工作,对国内存藏《永乐大典》开展全文数字化建设,推进海外存藏《永乐大典》的数字化回归,做好《永乐大典》研究和整理出版工作,筹建《永乐大典》研究中心,推动《永乐大典》申报《世界记忆遗产名录》。

项目8:中华古籍全文数据库建设项目。结合推进古籍影像数字化工作,借助文字识别等先进技术,将古籍影像转化为编码文字,建立海量文字的中华古籍全文数据库

(三)繁荣群众文艺

1. 广泛开展群众文艺创作和活动。充分发挥文化馆在繁荣群众文艺工作中的重要作用,加强现代文化馆建设。坚持深入生活,扎根人民,以社会主义核心价值观为引领,把提高质量作为群众文艺作品的生命线,推动各门类群众文艺精品创作。精准把握群众文艺的特点和规律,组织开展重要主题创作,展现百姓生活,表达人民心声,抒写伟大时代。深入开展中国文化艺术政府奖——群星奖评奖工作,充分发挥示范引领作用。积极开展群众文艺创作展演展示活动。健全群众性文化活动机制。在建党100周年等重

大节点和"七一"、国庆等重要节日开展主题文艺活动，旗帜鲜明唱响主旋律，弘扬正能量。围绕春节、元宵节、端午节、中秋节等传统节日，注入时代精神和人文内涵，创新开展传统民俗文化活动。引导群众文化活动与时俱进，推动内容和形式深度创新。开展百姓大舞台、市民文化节、民歌大会、大众合唱节、广场舞示范展示等群众喜闻乐见的文化活动，形成一批有影响力的城乡群众文化品牌。

2. 实施全民艺术普及工程。扎根时代生活，遵循美育特点，深入开展全民艺术普及工作。将全民艺术普及作为公共文化服务的重要品牌，推动各地设立全民艺术普及周、举办全民艺术节，增强社会影响力。坚持以群众基本文化艺术需求为导向，推进全民艺术知识普及、欣赏普及、技能普及和活动普及，把文化馆打造成为城乡居民的终身美育学校。各级文化馆（站）要将全民艺术普及作为免费开放的重要内容，常年举办公益性文化艺术讲座、展演、展览、展示和培训活动。培育全民艺术普及推广人。搭建艺术普及推广平台，统筹组织艺术考级等社会培训机构开展艺术公益培训和展演展示活动，加强社会艺术普及服务。依托国家公共文化云平台，建立全民艺术普及云，实现全民艺术普及的线上线下有效联动。推动乡村艺术普及，结合民情、民风、民俗，策划实施民间艺术普及活动，激发乡村文化活力。组织全民艺术普及成果展示活动。

3. 培育一批扎根基层的群众文艺团队和文艺骨干。尊重人民主体地位，使广大人民群众真正成为文化建设的参与者、展示者、欣赏者、分享者。挖掘选拔一批有热情、有才华的优秀文艺人才，通过加强艺术培训，建立作品研讨提升机制，搭建演出展示平台等措施，造就一大批本土化的群众文化创作和活动"带头人"，引导、带动城乡群众在文化生活中当主角、唱大戏。积极培育、发展群众文艺团队。以县为单位建立群众文艺团队、文化骨干信息库。进一步壮大文化馆馆办文艺团队，吸纳、培养优秀群众文艺人才，打造一批在当地城乡群众中有广泛影响的品牌团队。加大对广场舞、合唱等群众自发性文艺团队的扶持引导，在歌舞编排、骨干培训、器材配备上提供服务保障。建立优秀群众文化团队展示平台，在全国各地培育一批示范性群众文艺团队。鼓励各地对优秀群众文艺团队予以表彰奖励。

专栏4　群众文艺

项目9：群星奖。创新开展"群星奖"评奖工作，评选出一批全国群众文艺的代表性作品，充分发挥示范作用，带动优秀群众文艺作品创作。通过巡演、网上展播等方式，加强"群星奖"获奖作品展示推广。

项目10：全民艺术普及项目。以群众基本文化艺术需求为导向，推进全民艺术知识普及、艺术欣赏普及、艺术技能普及和艺术活动普及，提高群众审美品位，使艺术融入日常生活。培育一批长期活跃在基层、深受群众喜爱的群众文艺骨干和优秀团队，带动群众性文化活动的广泛开展。搭建全民艺术普及云平台，建设全国艺术普及师资库、艺术普及课程库，通过线上线下有效联动，实现全民艺术普及导航服务。

项目11："大家唱"群众歌咏活动。推动中国少年儿童合唱节、中国老年合唱节向"大家唱"群众歌咏活动转变，利用线上线下结合的方式，面向全国征集、展示一批有特色、有影响力的歌唱作品及优秀歌唱团队、歌手，展示群众歌唱风采。在合唱节参赛、评选方面降低门槛，突出群众性和普惠化，带动更多群众参与。

项目12："村晚"项目。引导"村晚"由春节期间集中开展向节日期间常态化开展延伸，由侧重文艺演出活动向群众文艺展示、特色文化传承、好物美景推介等内容相结合的综合性节庆活动转变。通过"村晚"，展示农村群众精神风貌、传承优秀乡土文化、助力乡村振兴。

项目13：广场舞活动。每年围绕群众性主题宣传教育活动主题，举办全国广场舞活动，带动各地广泛开展主题性广场舞活动。依托行业组织和社会力量，征集推出一批"广场舞带头人""优秀广场舞团队""群众最喜爱的广场舞""最受欢迎的广场舞曲"，健全支持广场舞活动开展的长效机制。

项目14："百姓大舞台"网络群众文化品牌活动。采取线上线下相结合，通过网络直录播等方式，挖掘、展示各地优秀群众文化活动，培育、提升各地群众文化活动品牌，打造群众文化活动的大集成、大展台。

（四）增强公共文化服务实效性

1. 提高公共文化服务供给能力。全面落实公共图书馆、文化馆（站）、美术馆免费开放政策，进一步完善免费开放信息公开、监督评价、绩效管理等机制，确保"三馆一站"高质量开展基本公共文化服务。积极做好延时、错时和流动服务，完善保障机制。提升公共文化机构的公共安全应急管理能力，保障公共文化设施和公众活动安全。在做好基本公共文化服务的基础上，经上级行政主管部门批准，公共文化机构可根据实际，优惠提供特色化、多元化、个性化非基本公共文化服务，实现优惠有标准、质量有保障、内容有监管。坚持把社会效益放在首位，推动有条件的公共文化机构盘活文化资源，开发文创产品。鼓励公共文化机构与社会力量围绕文化授权、创意设计、生产加工、营销管理等产业链深度合作。搭建文创产品展示和营销平台，支持优秀文创产品开发、交流、展示与合作。支持文化艺术和旅游院校参与公共文化服务供给。做好公共文化服务宣传推广，提高群众知晓率、参与率和满意度。

2. 精准对接人民群众文化需求。聚焦供需矛盾，深入开展供给侧结构性改革，注重需求侧管理。推动建立集需求采集、采购配送、监督管理、反馈互动等于一体的公共文化产品与服务平台。完善"订单式""菜单式""预约式"服务机制，加快实现文化资源网上配送、场地网上预订、活动网上预约等功能。针对不同地域不同群体文化需求，统筹做好特殊群体公共文化服务供给。积极适应老龄化发展趋势，让更多老人享有更优质的晚年文化生活，面向老年人群体开展数字技能和文化艺术培训，切实解决老年群体运用智能技术困难等问题。面向残障群体，打造无障碍服务体系，支持盲人图书馆等特殊文化服务。激发人民群众参与热情，鼓励各级各类公共文化机构通过互联网新媒体等方式，组建以兴趣爱好和特长为纽带的高粘性"粉丝"文化社群，构建新型服务提供与反馈模式。

3. 积极推动公共文化服务融合发展。落实开放共享理念，统筹各领域资源，找准关键节点，推动融合创新，进一步优化公共文化服务发展生态。结合实际推动公共图书馆、文化馆、博物馆、美术馆等公共文化机构发挥各自优势，通过联合开展文化活动、展览品牌建设等措施，形成发展合力。推动文化和旅游融合发展，抓好文化和旅游公共服务机构功能融合试点工作，树立一批有代表性和推广价值的典型案例。探索公共文化服务和教育融合路径。完善公共文化服务进校园的常态化机制，推动高校图书馆等文化设施向社会开放，通过设立课外教育基地、"四点半课堂"等形式，完善与中小学的双向融合机制。加强公共文化服务与农业、卫生、科普、民政等领域惠民项目融合发展。深入推进公共文化服务领域军民融合工作，加快军民公共文化设施和资源的共建共享进程。

专栏5　公共文化服务供给

项目15：公共文化服务"点单平台"建设项目。依托各级公共文化云，以县级为重点，从群众文化需求出发，运用信息技术，搭建汇聚整合文化活动、文化设施、文化遗产、文艺演出、图书期刊等公共文化资源的"点单平台"，开设活动报名、场馆预约、活动直播、文化地图、文化日历、资讯订阅、个性推送等多种功能，为群众提供菜单式、订单式、一站式的公共文化服务。

项目16：特殊群体服务项目。加大对特殊群体公共文化保障力度，进一步丰富特殊群体精神文化生活，推进基本公共文化服务均等化。结合"全国助残日""国际残疾人日"等重要节点，联合中国残联广泛开展助残文化活动。在全国评选、推广一批具有特色、效果明显的面向老年人、未成年人、农村留守儿童等特殊群体开展的示范性志愿服务项目。加强制度设计，开展面向特殊群体的志愿服务课题研究，切实保障特殊群体文化权益，多途径丰富面向特殊群体的公共文化产品供给和服务。

项目17：文化和旅游公共服务机构功能融合试点。坚持试点先行，推动有条件的文化和旅游公共服务机构因地制宜探索文化和旅游融合发展路径。找准切入点，通过增加旅游宣传项目，合作开展研学活动等方式，实现公共文化机构与旅游公共服务设施资源共建、优势互补。

（五）推动公共文化服务社会化发展

1. 深入推进政府购买公共文化服务。举办全国或区域性公共文化产品和服务采购大会，搭建购买公共文化服务供需对接平台。加强购买公共文化服务的监督管理，完善事前、事中和事后监管体系，健全由购买主体、公共文化服务对象以及第三方共同参与的评价约束机制，提升购买服务质量。将推进购买公共文化服务与培育公共文化服务社会化力量结合，建立健全承接主体资质评价机制，提升社会化承接组织服务能力。

2. 创新社会力量参与公共文化服务方式。稳妥推进县以下基层公共文化设施社会化管理运营，对存在人员缺乏等困难的公共文化设施，鼓励通过服务外包、项目授权、财政补贴等方式，引入符合条件的企业和社会组织进行运行或连锁运行。上级文化和旅游行政部门对推行社会化管理运营的公共文化设施加强政治导向审核和质量监管。进一步完善公共文化机构法人治理结构。培育一批具有较高服务水平、管理规范的文化类社会组织。充分发挥图书馆、文化馆等行业协会、学会在行业自律、行业管理、行业研究、行业交流中的作用。

3. 提升文化志愿服务水平。构建参与广泛、形式多样、机制健全、灵活高效的文化志愿服务体系，完善文化志愿者注册招募、服务记录、管理评价和激励保障机制，加强文化志愿服务统计，提高志愿服务管理规范化水平。依托文化馆（站）、图书馆等公共文化机构，开展常态化、多样化的文化志愿服务。持续推进"春雨工程"——全国文化和旅游志愿服务行动计划、"阳光工程"——中西部农村文化志愿服务行动计划、"圆梦工程"——农村未成年人文化志愿服务计划。积极探索线上线下相结合、具有地方和行业特色的文化志愿服务工作模式和服务方式，利用数字化手段提升文化志愿服务水平。开展全国文化和旅游志愿服务项目大赛，组织文化和旅游领域学雷锋志愿服务"四个100"先进典型宣传推选活动，形成一批文化志愿服务品牌。壮大文化志愿者队伍，建立各级文化志愿服务组织，鼓励退休人员、专业文化艺术工作者、文化艺术爱好者、学生等群体参与志愿服务。

专栏6　公共文化服务社会化

项目18：公共文化产品和服务采购大会项目。通过线上线下相结合的方式，打造集推荐、展示、交流、交易为一体的"互联网＋展会"服务模式，为社会力量参与公共文化服务供给搭建平台，开辟渠道，促进社会力量全链条参与公共文化服务，为公共文化机构搭建供需精准对接的桥梁纽带，不断推动公共文化服务资源从体制内循环转变为面向全社会的大循环，促进公共文化资源优化配置。

项目19：文化志愿服务建设项目。进一步建立健全文化志愿服务工作机制、活动运行长效机制、嘉许激励促进机制，建设全国文化和旅游志愿服务中心，完善各级志愿服务组织网络。实施"春雨工程"——全国文化和旅游志愿服务行动计划、"阳光工程"——中西部农村文化志愿服务行动计划、"圆梦工程"——农村未成年人文化志愿服务计划。推进文化志愿服务实践和理论研究，完善文化志愿服务数字平台，提升文化志愿服务专业化水平，全面推动文化志愿服务健康可持续发展。

（六）推动公共文化服务数字化、网络化、智能化建设

1. 加强数字文化内容资源和管理服务大数据资源建设。持续推动公共文化机构数字资源建设。以全民阅读和全民艺术普及为建设方向，不断丰富数字资源总量，创新数字资源样态，提升数字资源建设质量，打造全民阅读和全民艺术普及资源库群。加强地方特色数字资源建设，以数字化、影像化等现代信息技术，以移动互联网和新媒体思维，建设具有鲜明地方特色和较高历史、人文、科学价值，展示中国文化，讲述中国故事的数字资源，弘扬中华优秀传统文化，促进其创造性转化、创新性发展。加强数字文化资源版权保护。推动公共文化大数据管理系统建设。通过数据采集、存储、处理、分析、可视化和系统运维技术，将公共文化大数据资源转化为更强的研判力、决策力和流程优化能力，对文化需求预测和内容供给提供有效的技术支持。推动将相关文

化大数据资源纳入国家文化大数据体系建设。

2. 加快公共文化网络平台建设。推动实施智慧图书馆统一平台建设，提升国家公共文化云平台，鼓励各地按照统一标准和规范，因地制宜建设本地文化云平台，加强文化云平台之间的互联互通，构建统筹协调发展的公共文化云平台体系。积极布局公共文化领域"新基建"，努力建设基于"城市大脑""城市数据湖"上的智慧文化服务。加强公共文化网络平台与政务服务平台、城市民生服务平台的互联互通，实现数据共享、统一认证，为群众提供"一体化"集成式平台服务。引导公共文化云平台与社会网络平台的合作共享，推动端口对接、资源共享、服务嵌入，利用社会化网络平台优势，提升公共文化网络平台的覆盖范围和传播效率。

3. 拓展公共文化服务智慧应用场景。依托云计算、大数据、人工智能、区块链等新一代信息技术，加强云端数据挖掘和分析能力，推动公共图书馆、文化馆（站）实现包括智慧服务、智慧分析、智慧评估和辅助决策等功能在内的智慧化运营，优化数据反馈模式。构建公共文化服务用户画像和知识图谱，为差异化服务提供数据支持。利用现代信息技术加强基层公共文化机构的智慧化服务与管理，强化服务数据采集，提升基层公共文化服务供需对接水平。完善优化包括需求征集、预约预定、点赞分享、在线互动等功能的移动端公共数字服务。探索依托微信、微博、短视频等社会化平台开展公共数字文化服务的工作机制，鼓励公共文化机构打造有影响力的新媒体矩阵。推广群众文化活动高清网络直播。运用人机交互、虚拟现实、全息影像等信息技术，加强公共文化"沉浸式""互动式"体验服务。推进"互联网＋群众文化活动",培育"云上群星奖""云上乡村村晚"等数字文化服务品牌。鼓励公共文化机构与数字文化企业对接合作,拓宽数字文化服务应用场景。开展公共文化数字化服务创新案例评选、推广活动。

专栏7　公共文化服务数字化建设

项目20:全国智慧图书馆体系建设项目。以全国智慧图书馆体系建设为核心,搭建一套支撑智慧图书馆运行的云基础设施,搭载全网知识内容集成仓储,运行下一代智慧图书馆管理系统,建立智慧化知识服务运营环境,在全国部分图书馆及其基层服务网点试点建立实体智慧服务空间,打造面向未来的图书馆智慧服务体系和自有知识产权的智慧图书馆管理系统,助力全国公共图书馆智慧化升级和服务效能提升。

项目21:公共文化云项目。以各级文化馆(站)为主要阵地,运用5G、云计算、大数据、人工智能、区块链等信息技术,以国家公共文化云为依托,联合地方文化云(地方数字文化馆平台),以移动互联网为主要渠道,打造覆盖全国的安全、便捷、权威、丰富、开放的全民艺术普及公共服务总平台、全民艺术普及资源总库、全民艺术普及文创中心、公共文化和旅游产品交易中心,打造群众文化活动的大集成、大展台。

(七)推进公共文化服务区域均衡发展

1.积极发挥国家重大发展战略引领作用。推动将公共文化服务体系建设纳入京津冀协同发展、长江经济带、粤港澳大湾区、长三角一体化、黄河流域生态保护和高质量发展、成渝地区双城经济圈等国家发展战略。鼓励相关地区充分发挥国家文化创新引擎作用，建立常态化工作机制，在推动公共文化服务高质量一体化等方面先行先试，率先突破。根据区域发展实际，探索通过组建公共文化机构联盟、共同举办品牌文化活动、共同推出以居民身份证、社保卡等为载体的"惠民一卡通"等方式，在公共文化资源、活动、服务、管理等多个方面实现共建共享，完善区域公共文化资源配置格局，实现供给能力和供给质量全面提升。加强对雄安新区文化改革创新的支持力度，推动国家图书馆在新区设立分馆。

2. 多措并举推动区域协调发展。健全区域协调发展体制机制，在形成西部大开发新格局、东北振兴、中部崛起和东部地区加快现代化过程中，确保公共文化服务体系建设同步推进。坚持和完善东西部协作和对口支援机制，常态化开展文化帮扶工作，更好促进发达地区和欠发达地区、东中西部地区协同发展。在基础设施建设、运营管理、专项资金、人才技术等方面，支持革命老区、民族地区、边疆地区、脱贫地区公共文化服务体系建设。坚持"一县一策"，推动中西部欠发达地区公共文化设施查漏补缺，进一步完善设施网络，鼓励和支持有条件的地方推动公共文化设施提档升级。以铸牢中华民族共同体意识为宗旨，以培育"五个认同"为目标，着眼于少数民族文化的创新发展，在民族地区加强国家通用语言文字和民族语言文字"双语"文化产品和服务供给，鼓励和扶持民族文化产品创作生产。

3. 注重调动激发基层内生动力。进一步完善示范和试点机制，调动和激励基层的首创精神，引导形成基层公共文化服务创新的新格局新风尚。加强国家公共文化服务体系示范区（项目）后续建设和管理工作，推动示范区（项目）创新发展，率先建成为全国公共文化服务高质量发展先行区、样板区。支持地方政府结合实际开展示范县区、镇街创建等活动，打造具有地方特色的公共文化服务示范机制。对重要的改革和制度设计，坚持试点先行，灵活设置试点范围和试点层级，完善试点成果评估反馈机制，有序将基层创新成果和经验向专项政策和行业标准转化。鼓励以县区为重点，集成整合全域公共文化服务资源，打造多样化的区域公共文化服务体系创新模式。遴选和表彰基层公共文化服务创新案例，搭建公共文化服务合作交流平台，建立优秀案例发布和推广机制，逐步放大基层公共文化服务的创新价值。

专栏8　公共文化服务示范

项目22：基层公共文化服务高质量发展示范行动。在"十四五"期间每年支持各地县级党委、政府充分发挥积极性主动性，探索新时代公共文化服务高质量发展的路径，打造公共文化服务创新发展的高地，与时俱进推出具有典型示范价值的创新经验，发挥创新经验对全国公共文化服务高质量发展的引领作用。

三、保障措施

（一）加强组织领导

各级文化和旅游行政部门要从全局和战略高度，充分认识"十四五"时期公共文化发展对实现社会主义文化强国远景目标的重要意义，切实加强对公共文化服务建设的组织领导，将公共文化服务纳入地方"十四五"经济社会发展规划，纳入重要民生实事工程，纳入繁荣发展文化事业和文化产业总体安排，统筹建设，协同推进。要牢牢树立依法治理意识，进一步完善公共文化法律法规体系，全面落实公共文化服务保障法、公共图书馆法、公共文化体育设施条例等法律法规，推动地方公共文化服务立法进程，把法律规定的各项制度落细落实。加强公共文化服务法律执法检查，督促各级政府明确保障责任，严格依法履行职责。

（二）完善经费保障

建立健全权责明晰、保障有力的公共文化服务财政保障机制，落实国务院办公厅印发的《公共文化领域中央与地方财政事权和支出责任划分改革方案》，明确各级政府公共文化服务财政支出责任划分，依法将公共文化服务经费纳入本级预算，保障公共文化服务体系建设。通过中央和省级财政转移支付积极支持革命老区、民族地区、边疆地区、脱贫地区及农村基层公共文化服务体系建设。鼓励社会力量建立公共文化发展基金，多渠道拓展资金来源。建立健全公共文化服务资金绩效评价机制，发挥绩效评价的激励约束作用，提高资金使用效益。

（三）加强队伍建设

健全公共文化人才队伍培养、激励和评价机制。培养一批长期扎根基层，有责任心、有能力、具有深厚实践经验的专家型干部和实干型专家。实施基层文化队伍培训项目，加强公共图书馆、文化馆（站）干部的专业化建设，提升基层队伍职业素质。鼓励文化艺术职业院校参与实施基层文化队伍培训项目。加大中西部人才支持力度。吸纳村干部、社团文化骨干、退休教师和文化干部等参与基层文化设施的日常运行管理。支持建设公共文化一流专业智库，形成专业过硬、结构合理的公共文化政策研究和咨询专家梯队。推动将公共文化管理纳入学科体系，依托国内重点高校、科研院所，培养高水平公共文化服务管理人才。

（四）健全监督管理

鼓励以省级为单位，加强基层公共文化服务的监督管理，探索建立健全基本公共文化服务绩效动态评价体系。持续推行第三方绩效评估，建立以公众参与为基础、群众需求为导向的公共文化服务机构绩效考核和反馈机制。完善公共图书馆、文化馆评估定级制度，动态调整评估定级指标体系。全面加强对重大文化项目资金使用和服务效能等方面的监测评估。探索利用大数据和数据挖掘技术补充完善公共文化服务统计监测。加强规划实施的组织、协调和督导，做好规划监测评估工作，强化规划实施的公众监督。

参考文献

[1] 中华人民共和国国民经济和社会发展第十四个五年规划和
2035 年远景目标纲要 [N].人民日报, 2021 – 03 – 13 (1).

[2] 国家图书馆研究院.中国互联网络信息中心发布第 50 次
《中国互联网络发展状况统计报告》[J].国家图书馆学刊,
2022, 31 (5): 12.

[3] 喻国明, 梁爽.小程序与轻应用: 基于场景的社会嵌入与群
体互动 [J].武汉大学学报 (人文科学版), 2017, 70
(6): 119 – 125.

[4] 段梅, 韩叶.大数据环境下图书馆阅读推广微服务研究 [J].
高校图书馆工作, 2018, 38 (6): 89 – 91.

[5] 王昊贤, 周义刚, 张乃帅, 等.基于微服务架构的 FOLIO
模块建设探索、实践与思考——以北京大学图书馆闭架图书
叫号系统为例 [J].大学图书馆学报, 2020, 38 (4): 26 –
33.

[6] 叶仁杰, 吴元业.新一代图书馆开放服务平台 FOLIO 应用
实践研究 [J].新世纪图书馆, 2020 (2): 41 – 47.

[7] 张炜，敦文杰. 国家图书馆影音视听资源智慧化服务的实践与思考 [J]. 图书馆，2022 (7)：37 – 43.

[8] 吕瑾瑜. 基于微信的公共图书馆阅读推广模式探究 [J]. 图书馆工作与研究，2018 (8)：100 – 107.

[9] 张蓉晖，付先华，夏琦. 面向微信公众号的高校图书馆新媒体环境下知识交互服务模式——基于武汉理工大学图书馆微信平台实证研究 [J]. 图书馆杂志，2018，37 (4)：66 – 73.

[10] 聂应高. 基于情景感知融合的图书馆微服务框架构建 [J]. 图书馆学研究，2018 (20)：14 – 19.

[11] 杨佳雨，周玲元，王雪. 智慧图书馆情境感知微服务模式框架研究 [J]. 图书馆，2019 (3)：47 – 52.

[12] 廖宏建，黄立冬. 面向智慧校园的移动情境感知服务模型研究 [J]. 现代教育技术，2021，31 (4)：105 – 111.

[13] 田光林，陆婕，曲建华，刘宁，刘勋. 智慧社会发展背景下高校图书馆微服务模式研究 [J]. 情报科学，2021，39 (5)：41 – 46.

[14] 高翊. 图书馆微信信息服务生态系统模型构建研究 [J]. 图书馆理论与实践，2021 (3)：58 – 64.

[15] 任瑞荣，董政娥，陈惠兰. "微时代"高校图书馆微服务体系构建 [J]. 图书馆工作与研究，2018 (6)：46 – 49，62.

[16] 张文竹，邵波. 纸电一体化的电子资源服务体系的构建与应用 [J]. 图书馆学研究，2019 (16)：43 – 50.

［17］周玲元，李慧．智慧图书馆微服务体系建设研究——以移动图书馆为例［J］．图书馆学研究，2020（2）：55 - 62．

［18］杨群，张霓，莫再峰．区块链视域下图书馆智慧微服务功能体系研究［J］．图书馆，2020（7）：26 - 32，37．

［19］杨群，曾真，莫再峰．面向用户画像的大学图书馆微知识服务体系构建分析［J］．图书馆，2020（3）：81 - 87．

［20］倪娟，杜昊，曹海峰．基于 Altmetrics 的高校图书馆微服务评价研究——以江苏省某"双一流"高校图书馆为例［J］．图书馆学研究，2021（14）：12 - 18．

［21］张坤，王雪，李力．高校图书馆微信公众号服务质量评价指标体系的构建与分析［J］．图书馆建设，2022（5）：132 - 140，160．

［22］李晓鸣，任思琪，薛尧予．图书馆智慧化转型的技术体系研究［J］．图书馆，2022（2）：82 - 88．

［23］肖铮，林俊伟．用微服务构架下一代图书馆服务平台——以 FOLIO 为例［J］．图书馆杂志，2018，37（11）：63 - 69．

［24］蒋冬英．基于 FOLIO 理念的下一代图书馆平台服务与创新研究［J］．图书与情报，2019（5）：85 - 88．

［25］谢蓉，刘炜，朱雯晶．第三代图书馆服务平台：新需求与新突破［J］．中国图书馆学报，2019，45（3）：25 - 37．

［26］王文清，陈凌，关涛．融合发展的 CALIS 新一代图书馆服务平台［J］．数字图书馆论坛，2020（1）：2 - 10．

［27］王晓翠．下一代图书馆服务平台 ALMA 与 FOLIO 的对比分

析 [J].数字图书馆论坛,2020 (12):2-8.

[28] 孙宇,周纲.基于微服务架构的资源发现系统平台构建研究 [J].中国图书馆学报,2020,46 (1):114-124.

[29] 任萍萍.5G技术驱动下的智慧图书馆应用场景与智慧平台模型构建 [J].情报理论与实践,2020,43 (7):95-102.

[30] 常志军,钱力,谢靖,等.基于分布式技术的科技文献大数据平台的建设研究 [J].数据分析与知识发现,2021,5 (3):69-77.

[31] 程秀峰,丁芬,夏立新.基于微服务架构的文献信息资源保障平台构建研究 [J].数字图书馆论坛,2021 (4):2-10.

[32] 董晓莉.数据化视角下图书馆数字资源长期保存系统平台模型构建 [J].图书馆工作与研究,2022 (10):31-37.

[33] 余和剑,陈林毓.国内智慧图书馆服务平台比较研究 [J].图书馆学研究,2021 (4):38-43,64.

[34] 蒋继平,刘涛.新一代图书馆服务平台比较分析 [J].图书馆学研究,2022 (4):34-39.

[35] 周玮璐,张君香.全媒体时代完善高校图书馆读者服务工作的思考 [J].图书馆工作与研究,2018 (4):117-120.

[36] 刘美桃.基于微创新策略的图书馆学科微服务设计 [J].图书馆学研究,2018 (16):93-96.

[37] 井水,周妮.陕西省高校图书馆危机管理策略与反思 [J].高校图书馆工作,2020,40 (3):22-28,36.

［38］ 毕丽萍，叶继元．高校馆微信服务现状与策略——以产品生命周期理论为视角［J］．图书馆论坛，2020，40（2）：99－106．

［39］ 宋玉梅，严哲，朱琳，等．微信视域下高校知识产权信息服务的现状与发展对策研究［J］．图书情报工作，2021，65（3）：51－60．

［40］ 刘溪．公共图书馆新媒体矩阵服务现状及构建策略研究［J］．新世纪图书馆，2021（5）：62－66．

［41］ 黄红梅，任广慧．高校图书馆学科分析服务能力提升策略研究［J］．图书馆工作与研究，2022（7）：116－121．

［42］ Simović Aleksandar. A Big Data Smart Library Recommender System for an Educational Institution［J］. Library Hi Tech, 2018, 36（3）.

［43］ Yegang DU, Yuto LIM, Yasuo TAN. Activity Recognition Using RFID Phase Profiling in Smart Library［J］. IEICE Transactions on Information and Systems, 2019, E102. D（4）.

［44］ Abu Umaru Isaac, Isaiah Michael Omame. Application of Social Media and Video Conferencing in Smart Library Services［J］. Library Philosophy and Practice, 2020.

［45］ Adebowale Jeremy Adetayo, Pauline Oghenekaro Adeniran, Arinola Oluwatoyin Gbotosho. Augmenting Traditional Library Services: Role of Smart Library Technologies and Big Data［J］. Library Philosophy and Practice, 2021.

［46］ Yalagi Pratibha S., Mane Prachi V. Smart Library Automation

Using Face Recognition [J]. Journal of Physics: Conference Series, 2021, 1854 (1).

[47] Zhou Xin. The Construction of Smart Library Based on Data Mining Technology [J]. Journal of Physics: Conference Series, 2021, 1915 (2).

[48] Hui Wang. Situational Perception Information Fusion Technology of Internet of Things for Smart Library [J]. International Journal of Frontiers in Engineering Technology, 2021, 3.0 (9.0).

[49] Ziming Zeng, Shouqiang Sun, Tingting Li, Jie Yin, Yueyan Shen. Mobile Visual Search Model for Dunhuang Murals in the Smart Library [J]. Library Hi Tech, 2022, 40 (6).

[50] Sun Chengxi. Application of Block Chain Technology in Wisdom Library under Public Health Emergencies [J]. Academic Journal of Computing & Amp; Information Science, 2022, 5.0 (5.0).

[51] Wang Juan. Personalized Information Service System of Smart Library Based on Multimedia Network Technology [J]. Computational Intelligence and Neuroscience, 2022.

[52] Prasad Soma, Ghosh Shyamal. Cloud Library Services: A Positive Thinking For Smart Librarian [J]. International Journal of Library and Information Science, 2019, 8 (3).

[53] Ruiqin Bai, Jumin Zhao, Dengao Li, Xiaoyu Lv, Qiang Wang, Biaokai Zhu. RNN – Based Demand Awareness in Smart Library Using CRFID [J]. 中国通信, 2020, 17 (5):

284 - 294.

[54] Jinbai Zhang. Innovative Service Mode of Smart Library in 5G Era [J]. International Journal of Frontiers in Sociology, 2021, 3.0 (1.0).

[55] Shu Zongying, Jiang Yiqun, Liu Jia, Wang Maohan. Analysis of Mobile Push Service Model of Smart Library Based on Big Data [J]. Journal of Physics: Conference Series, 2021, 1883 (1).

[56] Lei Shuiwang. Design of Service Mode of Smart Library based on "Field" Synergy Theory [J]. Journal of Physics: Conference Series, 2021, 1992 (4).

[57] 朱玉强. 微信小程序在图书馆移动服务中的应用实践——以排架游戏为例 [J]. 图书馆论坛, 2017, 37 (7): 132 - 138.

[58] 陈俊杰, 吴明杰, 张晓静, 等. 微信小程序赋予图书馆内部办公自动化的新可能性及实践重点——以厦门大学为例 [J]. 图书馆学研究, 2018 (4): 30 - 39.

[59] 于俊丽. 高校图书馆应用微信小程序的实践与展望 [J]. 出版广角, 2018 (12): 73 - 75.

[60] 朱玉强. 微信小程序在图书馆移动服务中的应用实践——以图书漂流小程序为例 [J]. 新世纪图书馆, 2018 (9): 66 - 70.

[61] 尹明章, 张莉, 周天旻, 等. 基于微信小程序的高校 O2O 图书共享平台开发与应用 [J]. 图书馆理论与实践, 2019

（3）：94 - 97.

[62] 吴紫山. 微信小程序在图书馆管理系统中的应用实践——
以广州番禺职业技术学院图书馆为例 [J]. 高校图书馆工
作，2019，39（1）：70 - 72，91.

[63] 陈和，周绍彬，林静，等. 微信小程序在机构知识库服务
中的应用实践与分析——以厦门大学机构知识库为例 [J].
情报理论与实践，2019，42（9）：123 - 127.

[64] 徐源，胡正银，宋亦兵，等. 面向学科知识服务的微信小
程序研究与实践 [J]. 图书情报工作，2020，64（14）：
54 - 62.

[65] 李小洁. 开放式图书采访模式研究与实践 [J]. 新世纪图
书馆，2021（9）：35 - 40.

[66] 芦晓红. 图书馆微信小程序的应用现状与展望 [J]. 图书
馆学研究，2018（11）：19 - 25.

[67] 严栋. 我国图书馆微信小程序使用现状分析 [J]. 数字图
书馆论坛，2018（10）：60 - 63.

[68] 黄悦深. 我国图书馆微信小程序应用调查 [J]. 图书馆学
研究，2020（12）：37 - 43.

[69] 宋云云. 基于移动群智感知的图书馆座位资源监控技术研
究 [J]. 图书情报工作，2018，62（21）：46 - 52.

[70] 张毅. 基于微信小程序的图书馆座位管理系统 [J]. 新世
纪图书馆，2019（8）：62 - 65.

[71] 黄丽芳. 基于移动应用平台的高校图书馆智慧服务研究
[J]. 图书馆，2020（3）：37 - 42.

［72］ 张杰龙，董瑜伽，李玲 . 新冠疫情下图书馆应急服务的挑战与思考［J］. 数字图书馆论坛，2020（10）：25 - 31.

［73］ 张南 . 新型冠状病毒肺炎疫情期间高校图书馆微信服务研究——基于 42 所"双一流"高校的调研［J］. 图书馆工作与研究，2020（9）：58 - 66.

［74］ 张书华，赵杨，张蓓，等 . 疫情防控期间利用微信小程序开展电子资源服务的研究与实践——以清华大学图书馆 WeLibrary 小程序为例［J］. 图书馆杂志，2022，41（11）：49 - 54.

［75］ Jindal Rajni，Khan Javed. web 2. 0：Applications in Academic libraries to Provide web Enabled Information Services［J］. Library Progress，2018，38（1）.

［76］ Abid Hussain，Saeed Ullah Jan. Awareness of web 2. 0 Technology in the Academic Libraries：An Islamabad Perspective［J］. Library Philosophy and Practice，2018.

［77］ Jabeen Sumaira，Ganaie Shabir Ahmed. Exploring use of web 2. 0 tools in Academic Libraries［J］. Journal of Information Management，2018，5（2）.

［78］ B Preedip Balaji，Vinay MS，Shalini BG，Mohan Raju JS. web 2. 0 use in Academic Libraries of Top Ranked Asian Universities［J］. The Electronic Library，2019，37（3）.

［79］ Marion Lucille Williams. The Adoption of web 2. 0 Technologies in Academic Libraries：A Comparative Exploration［J］. Journal of Librarianship and Information Science，2020，52（1）.

[80] Gujral Garima, Chowdhury G. Role of web 2. 0 tools in meeting information needs of users amidst COVID – 19 pandemic [J]. KIIT Journal of Library and Information Management, 2021, 8 (1).

[81] Akwang Nse Emmanuel. A study of librarians' perceptions and adoption of web 2. 0 technologies in academic libraries in Akwa Ibom State, Nigeria [J]. The Journal of Academic Librarianship, 2021, 47 (2).

[82] Anna Nove E. Variant. The Usage of web 2. 0 as a Media Promotion in Indonesia University Libraries [J]. Record and Library Journal, 2018, 1 (1).

[83] Annu. L. Punoose. An Investigation in to The use of web 2. 0 Tools in The University Library Websites in India [J]. Journal of Library and Information Communication Technology, 2018, 7 (1).

[84] Patel S. S. , Bhatt A. The application of web 2. 0 Tools in University Libraries of India [J]. Library Philosophy and Practice, 2019, 2019 (2019).

[85] Shehu A. B. , Singh K. P. Application of web 2. 0 in private university libraries of northern Nigeria using the theory of mannes library 2. 0 [J]. Library Philosophy and Practice, 2019.

[86] Jan M. , Gul S. , Ali A. , Jan R. web 2. 0 Tools in Indian University Libraries [J]. Library Philosophy and Practice, 2020.

［87］ Aittola M，Ryhänen T，Ojala T. SmartLibrary – Location – Aware Mobile Library Service ［C］//Mobile HCI. 2003：411 – 416.

［88］ 严栋. 基于物联网的智慧图书馆 ［J］. 图书馆学刊，2010，32（7）：8 – 10.

［89］ 孙利芳，乌恩，刘伊敏. 再论智慧图书馆定义 ［J］. 图书馆工作与研究，2015，37（8）：17 – 19，68.

［90］ 刘炜，刘圣婴. 智慧图书馆标准规范体系框架初探 ［J］. 图书馆建设，2018，41（4）：91 – 95.

［91］ 张英. 微服务：开创图书馆服务的"蓝海" ［J］. 图书馆建设，2011（7）：51 – 53.

［92］ 刘丽萍，庞彩云. 图书馆微服务研究 ［J］. 图书馆建设，2013，36（4）：60 – 63.

［93］ 杜丽莎. 移动图书馆服务向图书馆微服务转变的思考 ［J］. 新世纪图书馆，2016，37（8）：5 – 8.

［94］ 左昊明，杜蕾，李亚设. 我国图书馆微服务研究现状分析 ［J］. 图书馆学研究，2021（12）：21 – 29.

［95］ 于良芝. 公共图书馆服务体系研究 ［J］. 中国图书馆学报，2008（2）：79 – 80，83.

［96］ 周德明. 关于上海市公共图书馆服务体系建设与完善的思考 ［J］. 图书馆志，2007（5）：32 – 34，37.

［97］ 于良芝，邱冠华，许晓霞. 走进普遍均等服务时代：近年来我国公共图书馆服务体系构建研究 ［J］. 中国图书馆学报，2008（3）：31 – 40.

[98] 王晶锋. 公共图书馆服务体系可持续发展研究 [J]. 图书馆, 2009 (6)：84 - 85, 112.

[99] Eldredge J D. Evidence - based Librarianship：Searching for the Needed EBL Evidence [J]. Medical Reference Services Quarterly, 2000, 19 (3)：1 - 18.

[100] 刘璇. 循证图书馆学（EBL）的发展及对图书馆学的启示 [J]. 图书馆杂志, 2009, 28 (1)：22 - 25.

[101] 朝晖, 李小华, 白萍, 等. 循证图书馆事业 [J]. 中华医学图书情报杂志, 2005 (1)：14 - 17.

[102] Glaser B., Strauss A. The Discovery of Grounded Theory [M]. New York：Aldine Pub. Co., 1967.

[103] 赫尔曼哈肯. 协同学大自然构成的奥秘 [M]. 凌复华, 译. 上海：上海译文出版社, 2013：13 - 15.

[104] 杨新涯, 刘尚武, 罗丽, 等. 图书馆多媒体资源管理系统 MRMS 的现状与实践研究 [J]. 图书情报工作, 2020, 64 (19)：31 - 38.

[105] 阳玉堃, 黄椰曼. 基于 SWOT 定量分析方法的微信小程序在图书馆应用的战略分析——以用户信息行为为视角 [J]. 新世纪图书馆, 2018 (7)：54 - 60.

后　记

　　本书是在过去 3 年"轻应用"背景下有关移动图书馆个性化服务研究基础上，结合教育部人文社科项目："轻应用"背景下智慧图书馆微服务体系建设研究（21YJC870022）修改而成。截止于此，本项目的研究已经接近尾声。又一个 3 年转瞬即逝，回首过去的 3 年人生，取得了一些微不足道的成绩，也付出了感动自己的汗水，于是化作只言片语，且做后记。

　　感谢自己！感谢自己能够坚持；感谢自己又坚持了 3 年。过去 3 年的坚持要比上一个 8 年（2011～2019 年）好很多。8 年期间是"单纯而无助的坚持"，过去 3 年是"习惯性坚守"，用导师的话说"上道了跑得快"，自己确实感觉到越跑越快。其实不在乎快，而是越跑越轻松。

　　感谢父母、爱人饶丹及家人，感谢你们的无私付出。非常幸运的是，日子确实是越过越好，而且是看得见的日新月异式变化，希望大家在下一个 3 年期依旧平安、健康、顺遂、快乐。

　　感谢南昌航空大学。南昌航空大学对我真的很好，过去的十多年能给我的都给了：职称、人才称号、公租房，还有实实在在的待遇，还有一份体面舒适有保障的事业，这也是我最感谢你的地方。我还有什么奢求吗？知足常乐！执子之手，与子偕老。

感谢领导及同仁，感谢南昌航空大学经管学院的同事们，谢谢贾伟强、周叶、严海宁等博士，你们如兄似姐，给予我努力向上的力量，言语难于表达思绪之万一。有你们让我觉得人生不孤单，科研有希望。

感谢指导过的学生李慧、陈洪斌。非常欣慰你们坚持了自己的想法，也确实过上了自己想要的"小确幸"生活。愿你们心想事成，美梦成真。

感谢经济科学出版社李雪编辑的鼎力支持和关爱，此书的出版有赖于她的关照和鞭策，本书的成稿离不开她的帮助。

最后，再一次感恩家人，在未来的时光里，我将加倍努力，争取取得更大的进步！

本书的出版得到了教育部人文社科项目："轻应用"背景下智慧图书馆微服务体系建设研究（21YJC870022）、江西省文化名家暨"四个一批"人才工程项目："轻应用"背景下公共图书馆微服务设计研究（1170009226003）及南昌航空大学科研成果专项资助基金的资助，在此表示感谢，全书中的资料来源参考了大量国内外文献，并尽可能做了标注，特向相关文献作者表示谢意，如有个别文献标注遗漏，在此表示歉意。

由于本人的学识和能力有限，书中可能存在不足与谬误，敬请各位读者批评指正！

周玲元

2023 年 5 月